AF234807

Liebe Leserinnen und liebe Leser,

ganz herzlich begrüße ich Sie und lade Sie zur letzten Reise meiner Entgegen der Zeit-Reise ein.

Dies ist der 19. Band meiner großen Anthologie des Lebens. Mir liegt es immer wieder daran, Ihnen liebe Leserinnen und liebe Leser, meine Gefühle in Wort und Schrift näherzubringen und mit Ihnen zu teilen.

Dieser letzte Band, stellt nach all meinen Momenten, Erfahrungen, Niederlagen und Siegen, dem Werdegang und das Durchleben der Depression, so hoffe ich eine positive und lichterfüllte Darbietung und einen würdigen Abschied.

Ich bedanke mich bei Ihnen allen, die Sie, meine Bücher gelesen haben.

In diesem Sinne, die allerliebsten, besten und herzlichsten Grüße.

Haben Sie eine gute Zeit und lassen Sie sich es jederzeit gut ergehen.

Christian Hofmann, Herbst 2020

Kapitel 1:
Werdegang / Erfahrungen

© 2020
Herstellung und Verlag:
BoD – Books on Demand, Norderstedt
ISBN: 978-3-7526-1077-2

ZUM GELEIT

Weit war der Weg
Aus der Vergangenheit
Manch sanfte Winde
Doch auch raue Stürme –
Durchlebt in all der Zeit

Last und Bürde
Da war Trauer und Schmerz
Doch auch Stolz und Mut
Ein tapferes Herz

Nach der Niederlage
Ein Neubeginn
Gelernt aus der Lektion
Gestärkt mit neuem Sinn

Wenn diese Zeilen
Dich berühren
Dann wirst du dich
Verstanden fühlen

Denn ich habe es erlebt
Dies alles in meinen Büchern
In Wort und Schrift verfasst
Für jene somit niedergelegt

AUS DEM WERDEGANG

Zu viel an Empathie
Zu groß die Fantasie
Sätze die mich stoppen sollen wie –
„Das erreichst du nie"!

Zu stark der Wille ans Gelingen
Zu groß die Freude am Lieder Singen
Sie wollen einen fallen sehen
Hoffen, dass sie einen dazu bringen

Zu groß sind meine Träume
Sie würden sie mir gerne ausreden
Doch für die Träume bin ich am Leben
Weil sie mir das Gefühl vom Leben geben

Manche Niederlagen schon hingenommen
Nach jedem Scheitern neubegonnen
Beim Wandeln durch alle Tage
Augen offen gehalten nach der Sonne

Das Schreiben meines Lebens Rettung
Zeilen die so manche Wunden heilen
Müsste sterben, wenn ich nichts mehr verfasse
Meine Berufung auf die ich nix kommen lasse!

LEBENSUHR

Viele Zeilen verfasst
Was mit der Zeit so verblasst
Kann nix mehr drehen
Kann nix mehr ändern

Will ganz bequem nun
Durch mein Leben gehen

Jetzt gehe ich raus
In meines Lebens Garten
Wie dringend auch alles ist
Die Welt da draußen, sie muss warten

Klar die Linie
Treue der Struktur
Menschen die mich stressen
Fliegen raus im Nu!

Klares eigenes ICH
Meine Zeit der Lebensuhr
Keinen Bock auf Scheinheiligkeit
Ich durchtrenne eure Schnur

Ich weiß wer ich bin und was ich tu
Ihr kotzt mich an, hört her und hört zu!

NEUES SKRIPT

Knapp aber voll
Vorbei an so manchem Glück
Bewegt im pech-tiefen Schwarz
Doch ich schreibe ein neues Skript

Ich habe eine neue Vision
Darum ein neues Buch
Past meets Future
Ein neuer Freundschaftsversuch

Es ist meine Mission
Zwischen den Stühlen
Meine Position
Alles andere als leicht

Es ist meine Mission
Zwischen den Gefühlen
Gefeiert und verlor'n
Lange Zeit war ich frei

Bewegte mich in jahrelangen Zeilen
Magisch und kryptisch
In mir manifestiert
Einzigartig und lyrisch

VOM LAMM ZUM WOLF

Viele Jahre, lange Zeit
So vieles was ich heute begreif
Trage Fett auf meinen Rippen
Texte reimen und abtippen

Mit aller Kraft und Mut
Und meiner Stärke
Gegen alle Widerstände
Im Vollzug mit ganzer Härte

Nicht mehr dumm
Nicht mehr naiv
Wege bei denen ich
Nur nebenher mitlief

Groß geworden
Bin längst gereift
Es zu begreifen
Jetzt an der Zeit

Sei ein Lamm
Und du wirst geliebt
Werde zum Wolf
Stark und die Sicht auf eigenen Sieg

Sei wie alle anderen sind
Und man presst dich aus
Werde du selbst
Aus dem Kampf, kommt man eh nie raus!

PHRASEN ODER POESIE

In meinem Leben
Auf dem Weg durch Büro und Industrie
Könnte ich Geschichten jener schreiben
Gestückelt in Phrasen oder bekömmlich in Poesie

So vielen Menschen schon begegnet
So viele Worte ausgetauscht
Den Horizont erweitert
Fürs Schreiben war ich doch berauscht

Ob eigene Erfahrung
Oder Vergleiche vom Lebensleid
Alle waren wir auf dem Weg
Kollegen für eine bestimmte Zeit

Wege beginnen und
Wege enden
Am Ende bleiben doch nur
Bilder und Erinnerungen in den Händen

Manche Kollegen waren scheiße
Manche nett und wirklich weise
Doch leider nur sehr wenige
Bleiben da an deiner Seite

ZU NAH AM LEBEN

Ich schreibe aus allen Lebenslagen
Bewege mich zu nah am Leben
Über alles möchte ich schreiben
Über jeden meiner erlebten Wege

Über die Kindheit
Über die Schule
Über Ausbildung, Erfahrung
Über Jobs und Berufe

Über meine wahre Berufung
Lange nicht geblickt
Lange die Augen verschlossen
Dann hatte sie mich auf den Weg geschickt

Jetzt verfasse ich meine Zeilen
Wie gesagt, zu nah am Leben
Sprache fühlen, sie verwenden
Lebensaufgabe auf meinen Wegen

Schreibe Texte wie Rosen
Schreibe auch wie Dornen
Ein Leben ohne Schreiben
Wäre umsonst und ohne Sinne gestorben!

KERBEN

Zieh dich entsprechend an
Nimm die Rolle ein
Folge deiner Berufung
Keine Furcht, es soll so sein

Federlogo, Buchreihe
Mit Liebe und Leidenschaft
Zur Literatur
Von der ersten bis zur letzten Seite

Habe den Sinn
In meinem Leben doch gefunden
Nach so vielen –
Traurigen, hoffnungslosen Stunden

Alles war da
Doch lag alles in vielen Scherben
Alles aufgeräumt
Es blieben Risse, Fragmente und Kerben

Kerzen brennen nun
Groß das Feuer, entfacht so lichterloh
Meiner Bestimmung gefolgt
Die Lyrik ist meiner Ankunft, dankbar und sehr froh

HÄSSLICH UND GEMEIN

Die Welt ist
Ein hässlicher und
Ein gemeiner Ort
Das sagte schon
Sly in dem Film Rocky
Wer kämpft kann verlieren
Wer nicht kämpft
Hat bereits schon verloren
Dies laß ich mal in einem Zitat
Von einem Dichter
Vor langer Zeit
Sie singen von
Der Stunde des Siegers
Zuzuhören ist schön und leicht
Man muss aufstehen
Wenn man fällt
Das ist gar nicht so leicht
Aber nötig
Dies erfuhr ich am eigenen Leib

FLASHBACK

Flashback 2006
Ausbildung fast beendet
Führerschein gemacht
Ab ins Auto und die Stadt

Über die B62
Durch die Freiheit gefahren
Vom Kaff in die Stadt
Dieses Gefühl gut aufbewahren

Grad mal 20 Jahre jung
Das Leben noch vor mir
Marburg an der Lahn
Solange schon, zieht es mich zu dir

Die B62 mein Weg
Von ca. 30 Minuten
2006 Beginn meiner Texte
Es sind meine Spuren

Jetzt 2020 und ich
Wohne nun bei dir an der Lahn
2015 Bühnendebüt
Marburg, schön dass ich bei dir ankam

NIE WIEDER (für Opa zur Erinnerung)

All der Lärm und all die Farben
Es ist für mich so bedeutungslos
Alles grau in grau gekleidet
Spüre Trauer, es gibt keinen Trost

Nie wieder wird das Leben
So werden wie ich es kenne
Du bist gegangen vor vielen Tagen
Ich denke an dich, in all den nächsten Jahren

Und immer, wenn es Herbst wird
Weiß ich es ist deine Zeit
Alles Gute zum Geburtstag
Trennt uns auch das Leben weit

Alles Gute wünsche ich dir
Sende einen Gruß da hoch von hier
Zu deinem Geburtstag erinnern wir uns stets
Hoffen sehr, dass es dir da oben gut geht

Und wenn die Blätter
Von den Bäumen fallen und Licht bricht herein
Kann ich fühlen, dass du noch da bist
So oft fühle ich mich allein

LAST VON DER SEELE

Schreibe mir die Last von der Seele
Schmeiße den Ballast auf die Wege
Erkenne mich bis dahin nicht wieder
Schreibe den Frust raus, dann geht's wieder

Die Psychosomatik macht mir
Mein Leben so schwer hier
Alle erwarten immer nur von einem!
Verständnis hat aber, von denen keiner!

Ich erwarte es auch nicht mehr
Die Worte der Menschen sind eh bloß leer
Man muss seinen Weg alleine gehen
Durchboxen, durchkämpfen, nach vorne sehen

Während ich diese Scheiße hier ertrage
Diese Worte hier verfasse
Ist es, neuer Mut den ich fasse
Weil ich in dem die Wut ablasse

Soll immer nur bezahlen
Immer geben, wenn sie fordern
Ich werde nehmen, wenn sie nix ordern
Ich lass mir nix mehr gefallen!

EINST REIFEN

Die Kindheit
Ein Stück vertrautes
Heiles Land
Musste ich verlassen
Erwachsen werden
Mit Sinn und Verstand
Zu dem was ich wurde
Einst reifen
Vertrauen und Verspieltheit
Wurde zu
Misstrauen und Verschwiegenheit
Aus Liebe
Und aus Freunden
Wurden Missgunst
Und auch Gegner
Das ist der wahre Lebenslauf
Der wahre Werdegang
So bricht man auf
Ins Leben
Lernt, lehrt und lebt
Man wird man selbst

IN DEN SAND GESETZT

Was habe ich nicht schon
Alles in den Sand gesetzt
Niederlagen, viele Pleiten
Von damals bis heut, ins Hier und Jetzt

Gedanken matern in mir
Zerbrechen mir den Schädel
Was kann ich noch versuchen
Welche Lösung noch erwägen?

Ich finde mich nicht ab
Mit dem was noch ist
Alles kann man ändern
Wenn etwas zu ändern ist

Was habe ich nicht schon
Alles versucht und probiert
Finde ich noch den Weg
Komme ich an mein Ziel?

Das, was alles ist
Kann einfach nicht alles sein
Da gibt's noch mehr, ich weiß es
Mein Durchhaltevermögen, muss härter wie Stahl sein

SELBSTFÜRSORGE

Ich wusste nix von
Selbstfürsorge
Und aus Angst vor Fehlern
Habe ich immer nur funktioniert

Ich rutschte tief
In die Gefühlswelt rein
Depression und Traurigkeit
Habe es alles reflektiert

Mein Lebenslauf
Mein Werdegang
Voller Angst und Zweifel
So viele Jahre lang

Es kam der Tag
Ich bin erwacht
In mir und meinem Schädel
Hat es klick gemacht!

Spät im Leben
Aber noch nicht zu spät
Habe es kapiert und mich
Auf meinen Weg gemacht

Trauer war mein bester Freund
Von den ersten Tagen noch bis heut'
Leise Schreie, stumme Tränen
Habe ich ganz oft, ja so oft geheult

STERNE IN DER NACHT

Bin nie richtig angekommen
Fällt mir's Gehen auch nicht schwer
Hab hier nix gefunden
Vermisse ich auch nix so sehr!

Durchgegangen, durchgelaufen
Mit vollkommener Neutralität
So brauche ich keine Angst haben
Es ist für nix zu spät

An Erfahrung habe ich
Wieder dazu gewonnen
Sterne in der Nacht anschauen
Laufe unter strahlender Sonne

Das Gehen, fällt mir hier nicht schwer
Denn fand nix zum Bleiben bisher
Will wieder leben, wieder atmen
Will hier weg, denn hier fehlt mir den Atem

Kann nur besser werden, definitiv
Gibt nix zu gewinnen, fühle instinktiv
Alles ist besser als hier zu verweilen
Na immerhin, entstehen diese Zeilen

MEIN LEBEN

Ich schreibe hier
Mein Leben auf
Halt mich dran
Tagein und tagaus

In meiner ganz
Eigenen Welt
Schmeißt mich von euch
Keiner raus!

Ihr wisst ja –
Eh nicht
Wie ich denke
Fühle oder leide

Ich kann nur
Hier leben
Wenn ich
Zeilen schreibe

Der Puls
Er rast
Das Gefühl
Es bebt

Emotionen
Setzen sich frei
Ich spüre
Dass ich leb'

EINGEKREIST

Ich habe mich verfangen
In meinem Geist
In meinen Gedanken
Eingekreist, total verstrickt

Fällt so schwer
Da wieder raus zu gelangen
Sehe und höre
Sie der Zeiger der Uhr tickt

Es ist mein Leben
Es ist meine Zeit
Vieles bin ich satt
Ich bin es so leid

Habe ich mich geirrt?
Bin ich total verwirrt?
Habe ich mir etwas vorgemacht?
An jenem Tag, in jeder Nacht?

Habe ich mich selbst
Belogen und verloren?
Es ist Sommer, es wird Herbst
Doch fühle mich schon längst erfroren!

HINSICHT

Die Luft wird dünner
Mein Platz wird enger
Es ist an der Zeit zu gehen
Es geht hier nicht mehr länger

Ich verliere in aller Hinsicht
Mein positiver Schein
Betrübt ist mein Gemüt
Es darf so nicht länger sein

Auf zum neuen Ufer
Wenn der Hafen bricht
Zeit für Helligkeit denn
Im Dunkel sieht man nicht

Leuchtturm voraus
Hänge mich an jede Rettung
An jeden Halm
Ich mach mich fest in der Verkettung

GROTESK

Ich drehte unendlich lange
Rundenkreise
Es verging die Zeit, ich bekam
Geistige Reife

Sie war der Beginn
Somit das Ende dieser Dauerschleife
Ich machte mich auf den Weg
An den Start meiner Reise

Alles was ich nicht blickte
Ist was ich heute umso besser begreife

Das Leben ist der –
Reinste Lernprozess
Fehler von damals, heute lache ich
Es ist grotesk

Es ist so gekommen
Wie die Bahnen einst genommen
Völlig naiv und bescheuert
Total nüchtern und doch benommen

Alles hat geendet
Und alles erneut begonnen

YEAH! YEAH!

Meine Zeit sie ist gesetzt
Es ist zu Ende
Und zwar jetzt
YEAH! YEAH!

Beschissen war
Dieser Platz bis hierher
Gibt definitiv keine Wiederkehr
YEAH! YEAH!

Monatelang
Es waren viele Tage
Endlich ist der Spuk vorbei
Ende der Fahnenstange
YEAH! YEAH!

Wieder dazu gelernt
Erfahrungs-Etappenzeit
Im Schnelldurchlauf
Die Zeit verstreicht
Wieder eine Zeile
Eingefügt im Lebenslauf
Auf dem Weg
Auf dem bleibe ich drauf
YEAH! YEAH!
YEAH! YEAH!

KALTE STEINE

Manche Wege
Manche Schritte
Manch erlebte Augenblicke
Sie bleiben haften ein Leben lang

Manche Bilder
Sind wie Muster im Granit
Die Erinnerungen
Liegen lange zurück

Manch gefühlte Momente
Waren wie kalte Steine
Das Herz versehen mit Kratzern
Mit scharfer Tiefenreine

Was bleibt zu sagen über –
All die Narben auf der Haut
Spuren auf Herz und Seele
Aus so manch rauer Zeit

Wo die Sonne nicht scheint
Dort liegen kalte Steine
Ohne Licht und ohne Wärme
Kann keine Sonne scheinen

WAS WILL ICH TUN

Ich bin voller Tatendrang
Will auch etwas tun
Ich suche nach einem Sinn
Denn fühle mich hier verloren

Halte Ausschau
Versuche es mit dem Weitblick
Entdecke ich die kleinste Kleinigkeit
Senke ich mich ab und nimm sie mit

Ich will was tun
Mit Sinn und Zweck
Nichts Stupides
Keinen Mist und keinen Dreck

Muss Wohlempfinden
Bei Dingen spüren
Ist es nicht vorhanden
Kannst du gleich runterspülen!

Ich gebe so viel Einsatz
So viel gebe ich doch Preis
Doch keiner erkennt es
Dabei stehe ich hier doch schwarz auf weiß!

WAS ICH WILL

Ich weiß was ich will
Doch der Weg
Ist noch nicht klar
Sie waren nicht
Die richtigen Stationen
An denen ich bislang gewesen war

Falsche Sparten
Verkehrte Richtung
Doch jene Erfahrung
Trägt zu hoher Gewichtung

Bei allem was war
Lektion und Situation
Hat mich zu dem werden lassen
Ging ich durch so manchen Regen
Und auch so manchen Sturm

Jetzt bin ich da
Wo ich heute stehe
Blick von oben auf viele Wege
Die Entscheidung nun
Welchen ich betrete und nun gehe

Ich muss was schaffen
Was machen, was kreieren
Klingt vielleicht bescheuert
Aber so wird es funktionieren

BEI DIR?

Fallen bei dir Tränen
Stehst du im Regen
Oder tanzt du dort?
Wirst du losgelassen von allem
Und in die Tiefe fallen
Oder lernst du zu fliegen?

Wie war bisher
Dein Leben
Warst du glücklich
Und zufrieden?
Hast du Hoffnung, trägst du Glaube
Nichts ist stärker als die Liebe!

Wenn alles geht
Und nichts mehr bleibt
Kommt, was lang ersehnt
Nämlich deine Zeit
Bist du bereit, es ist soweit
Wir fühlen besser, wenn wir die Augen schließen

Lass dich jetzt
Doch darauf ein
Der Moment, so wie er ist
Wird einzigartig für dich sein
Breite deine Flügel aus, atme tief ein
Und atme frei auch wieder aus, so ist es gut

SCHWER WIE BLEI

Ich weiß um keiner Neuigkeit
Alles ist im Trott so festgetreten
Beine heben fällt schwer wie Blei
Schwer, so Neuem entgegen zu treten

Dabei benötige ich mal
Einen wirklich frischen Wind
Alles ist so grau und verstaubt
Wenn die Dinge beim Alten sind

In neuer Farbe
Mal den Stand der Dinge einfärben
Frische Tapete
Mit rauen Fasern und coolen Kerben

Will Neuigkeiten zücken
Wie Magazine aus der Schublade
Zeit Neues zu beginnen
Als ständig über alte Klamotten klagen

Koffer packen mit Ballast
Vollgestopft bis die Naht schon reißt
Wenn die Geduld am Ende ist
Ist der Rest ganz einfach, der von der Seite weicht

AUS ALLEM WAS WAR

Ich lerne und ich reif'
Alles Gute braucht seine Zeit
Schwer waren meiner Wege Schritte
Es blieben Narben tiefer Schnitte

Gelernt aus allem
Was mal war
Aus der Lehre dieses Lebens
Bleibt was da

Erfahrungen und
Kenntnis erlangt
Geschlagen über manche Strenge
Es hat gelangt

Manche vertane Chance
Und Möglichkeit
Ach komm, was solls!?
Sei es drum um diese Zeit!

Friede all dem
Was gewesen sei
Bis dato war es ein Kampf
Habe gekämpft, nun bin ich frei

RAUS AUS DEM VERSTECK

Die Tage sind gezählt
Der Entschluss ist gefasst
Kein Land in Sicht
Am Ende vom Fahnenmast

Das ist der Aufbruch
Ins neue Unentdeckte
Das ist der Neubeginn
Raus aus dem Versteck

Keine Furcht, denn die Angst –
Gibt keinen guten Rat!
Ich muss handeln
Ich setze es um die Tat

Ich muss durchs Flammenmeer
Durch die Sturmflut hinweg
Ich muss gehen, kann nicht bleiben
Mache keinen Boden gut an diesem Fleck

Die Segel sind gefallen
Die Fahnen sind verbrannt
Zeit für den Aufbruch
Ins unentdeckte Land

VERBORGENES GEHEIMNIS

Ich werfe den Anker
Ins Unbekannte
Ein großes Meer
Hoffe, dass ich Freude lande

Das Ungewisse
Es wird ein Abenteuer
Unter freiem Himmel
Kleiner Funken, entfache das Feuer

Die Zukunft wird geschrieben
In der Vergangenheit steht sie fest
Steine Rollen, Brücken bauen
Es bleibt, was man hinterlässt

Keiner weiß was morgen kommt
Verborgenes Geheimnis
Bring Licht ins Dunkel
Sammel alles auf, was mein is'

Wo die Begeisterung erlischt
Wird es Zeit für das Unbekannte
Denn es ist wie der Morgen, ein Geheimnis
Vielleicht das Beste was ich fand

29 GRAD – SONG DES LEBENS (Mein Lieblingstext)!

29 Grad
So macht der Sommer Bock
Sommersonnenwärme
Mein Herz schlägt Metal, ich hör' Rock
Sommertage, beste Gefühle
Sie sind so vertraut
Der Rock'n'Roll fegt nur so hinweg
Über meine Haut

Dieses geile Sommerwetter
Dieser Tag fühlt sich an wie die Unendlichkeit
Wenn nicht dieser Tag
Dann ist es nie so soweit
Geiles Leben, geiles Wetter
Sommer – ich fühle mich frei
Dieser Drang zur Tinte
Lässt mich nicht los, geht nie vorbei

Ich fange den Moment heut'
Mal so für immer ein
Die Sonne im Rücken
Die Tinte trocknet herrlich fein
Nichts fühlt sich so ewig an
Wie diese Zeilen hier
Geschrieben einmalig
Vom Gefühl zum Papier

So herrlich schön kann's sein
Wenn man das Leben genießt
Frei und vollkommen dabei
Wenn die frische Tinte fließt

HAGEL IM HERZ

Es regnet viel Sonne
Und es hagelt im Herz
Der Sommer erfriert
Im unerträglichen Schmerz

Das Licht es scheint so
Trist, trübe – grau
Der Nebel er weint
Der Abend trägt Morgentau

Alles im Irrsinn
Doch das Chaos ist geregelt
Im Sturm des Orkans
Seelenruhig gesegelt

Ein Leben mit Ecken
Denn es läuft nichts rund
Gerade in die Kurve
Ab auf den Meeresgrund

Der Kopf an der Wand
Das Herz auf der Zunge
Der Letzte wird der Erste sein
Vom Nichts, bis in aller Munde

DOLCH IN DER BRUST

Mit Liebe im Herzen
Mit der Wut in meinem Bauch
Die Kraft in der Seele
Ich kämpfe mich aus der Scheiße raus

Die Angst mein innerer Feind
Verzweiflung bringt Konflikte
Nur ich weiß, nur ich selbst
Wie ich und was in mir tickte

Es ist so niederschmetternd
Allein gegen alle, dies kostet Kraft
Würde eine Hürde genommen
Trat die nächste schon auf, am Ende meiner Kraft

Es ist überfordernd
Permanent und konsequent
Wie ein Fegefeuer
Gelöscht mit Benzin, das Leben es brennt

Ich fahre nur auf Felgen durchs Leben
Funken sprühen, Reibungshitze
Das Leben provoziert und
Es treibt es auf die Spitze!

Ich springe drauf an
Weil ich gar nicht anders will und kann
Mit Herzblut am Leben
War auch so mancher Dolch, den ich mir die Brust ramm'

KETTE SCHWINGEN

Ich schmeiße den
Frust und den Stress
In die Beschwerdebox
Ich will leben, nicht leiden
Ziehe klare Linie
Bis hierher, jetzt ist Schluss!

Am seidenen Faden hängen
Oder doch die Kette schwingen
Es ist an der Zeit
Mich in gute Zeiten zu bringen

All der Ballast
Der mich zerstört
Und mich zu Boden zwingt
Ich sage ihm ciao –
Das ist alles ich noch zu sagen habe
Das letzte Wort ist gefallen, wo es hingehört!

Am Abgrund stehen bleiben
Oder haltlos in die Tiefe fallen
Damals 1000 Stürze
Heute die Fäuste ballen!

SICHT IM SPIEGEL

Ich starte durch
Ziele gesetzt, es zählt jetzt
Bin bereit und stehe auf –
Der Start- und Landebahn

Es geht voran
Mit Volldampf geradewegs in Glück
Die Zukunft glasklar
Alles was war, fällt der Sicht im Spiegel zurück

Ich hebe ab
Schon hochgeflogen, bin weit oben
Sehe die Welt und mein Leben
Weit unten unter mir

Mut gefasst
Willensstark, es ist mein Tag
Ich spüre es ist möglich
Es liegt etwas in der Luft

Verliere Angst und Zweifel
Werfe die Sorgen ab ins Meer
Es beginne mein Leben
Dort wo ich war, dahin gibt's keine Wiederkehr!

IM JETZT GEGEN DAS NIE

Werd' nur noch Dinge tun
Die mich nach vorne bringen
Mit aller Kraft voraus
Werd' nicht mehr im Strudel schwimmen

Es ist an der Zeit, erwachter Geist
Bereit um neu zu beginnen
Kam allzu oft unter die Räder
Jetzt wird gelebt, nix verschoben mehr auf später

Refrain/
Ich leb' im Jetzt!
Gegen das Nie!
Denn wer immer nur vielleicht sagt
Verschenkt vielleicht sein Leben hier!
Ich leb im Jetzt!
Ich bin hier!
Denn um Dinge zu verschieben
Ist mir meine Zeit zu schade hier!

Werd' alles austragen
Kampfansage!
Für heute, jetzt, für immer
Bis an den letzten meiner Tage!

Den Blick nach vorne
Was war, steht in Gedichten
Was jetzt noch bleibt
Meine Zeit für meine Geschichte!

RETTUNGSGASSE

Bei all dem Staub und Dreck
Im Stau der Masse
Bilden diese Worte, meine Freunde
Eure Rettungsgasse
In diesem Sinne
Aller Sinne
Gegen den Rest der Welt
Küsst bitte meine beiden Mittelfinger!
Das hier Verfasste
Für euch und mich geschrieben
Für uns're legendäre Zeit
Längst alles schon gediegen

Refrain/
35 Jahre
Zählt meine Lebensuhr
35 Jahre
Kenn ich nun diese Welt
Nach
35 Jahren, möchte ich nun gerne sagen
Was mich ankotzt!
Aber auch das, was mir hier gefällt

Schon viel im Feuer wurde zur Asche
Was so im Rauch aufging
Träume geträumt, Träume begraben
Und in Träumen wo ich mich befind
In diesem Sinne
Aller Sinne
Gegen den Rest der Welt
Ich erhebe für die Zukunft meine Mittelfinger

REKLAMIERT

Jeden Morgen
Kippe ich den Kaffee runter
Und ich treffe jedes Mal
Dabei auf Widerstand

Immer wieder aufs Neue
Brennt mir das Herz
Und es reklamiert in mir
Ständig mein Verstand

Der Kopf so voll
Drückt schon bis zum Anschlag
Bis hinten gegen
Und fast schon drüber hinaus

Lasst mir meine Ruhe
Auf dem Weg hierher
Stelle ich so für mich fest
Ich muss in ein Irrenahaus

Diese Anstalt
Nennt sich Arbeitsplatz
Es ist mehr eine Psychostation
Die von allem was zu bieten hat

ERKENNTNIS

Ich sehne mich
Nach Freiheit und Glück
Tauche ein in meiner
Gefühlswelt, mit jedem Schritt

Was die Welt
Mir nicht bieten kann
Suche ich in mir
Fange damit heute an

Die Erkenntnis liegt
Deutlich klar in meinem Sichtfeld
Sonne, Mond und Sterne funkeln
Erhellen meinen Weg am Himmelszelt

Dunkelheit und Finsternis
Ist was in mir erloschen ist
Farben sprühen an die Wand
In meinem Innern, da ist ein Nimmerland

Ein riesiger Ozean
Mit geheimnisvollen Träumen
Oh, wie gern ich hier die Zeit
Am Tage doch versäume

NEBEN DEN STUHL

Ruhig und souverän
Wild und fetzig, laut
Bisher die Facetten in
Meinem gesamten Lebenslauf

Ruhige Ader
Rockig entflammbar
Von der 1. Klasse an
Folgte alles aufeinander

Schulzeit, Lehre
Arbeitsleben
Beurteilung und Zeugnis
Wer bestimmt die Regel?

Arbeits- und Sozialverhalten
Kriterien der Schule
Juckt hinterher leider keine Sau mehr
Wie das Kotzen neben den Stuhl

Lerne für dich selbst
Für dein eigenes Leben voll und ganz
Stärken und Schwächen –
Sind was du nur selbst, in dir entdecken kannst!

SEMPER PARATUS

Die Flagge weht
Der Wagen steht
Ich bin bereit
Ich ziehe jetzt in den Kreuzzug

Habe hart trainiert
Mein Hirn dressiert
Es wird mein Schlag
Ich will jetzt mehr als nur genug

Ich breche auf
Jetzt bin ich drauf
Auf meinem Weg in die Schlacht
Wie David gegen Goliath

Im Kampf gegen die Riesen
Wie einst, Napoleon und Nostradamus
Ich ziehe vor ins Fadenkreuz –
Semper Paratus

Ich ziehe in die Schlacht, gegen die Geister der Macht
Sie wollen mich beherrschen
Das Kommando übernehmen
Schattenkriege, kämpfe ums Überleben

BERMUDA

Kingdom Castle
Oder chinesischer Tempel
Gekommen von Bermuda
Mein Leben, das ich umkremple

Keine Scheine am Konto
Bloß Moos im Garten, keine Moneten
Doch positive Zeilen gelegentlich –
Habe ich in den Ohren gute Propheten

Je beschissener und
Aussichtloser die Lage
Desto besser die Texte
Werden Legende und Sage

Christian, der –
Aus der Hölle stieß
Wie der Phönix
Der empor aus der Asche stieg

Viel gegeben, hoher Einsatz
Alles verloren
In der Hitze des Feuers verbrannt
Und wiedergeboren

EXEKUTION

Sauberer Abgang
Es geht nichts mehr
Endstation, Exekution
Der Weg war schwer

Nach dem Game Over –
Ist Schicht im Schacht
Alles versucht bis zum –
Letzten Zug der Schlacht

Flaggen und Schwerter fallen
Kratzer auf Haut und Seele
Bis zu Letzten, alles gegeben
Gezeichnet von diesem Leben

Risse und Riefen
Die im Herzen vertiefen
Scharf und rau waren Steine
Auf denen ich lief

Es ist kein Aufgeben
Niederlage anerkennen
Kopf nach oben, Kraft tanken
Konzentration auf gute Gedanken

UNTER DIE RÄDER

Ich nehme mich
Gerade auseinander
Ich merke, es passt –
Nichts mehr beieinander
Ich bin nicht mehr
Im Gleichgewicht
Mir droht es, dass gerade alles
Hier zusammenbricht

Ich mach' was ich nicht will
Will was ich nicht find'
Tu was mich kaputt macht
Fühl mich verloren, weiß nicht wohin
Die Suche nach der Lösung
Für mein Traum und Ziel
Sie ist mir nicht ersichtlich
Zu verlieren habe ich gerade viel zu viel

Mein Leben es gerät
Unter die Räder
Es zieht mich in die Tiefe
Ich strecke meine Hände…
… Doch da ist nichts
Woran ich mich festhalten kann
Es scheint als ging es steil bergab
Ich rutsche in den Untergang

Ich wollte nur finden was ich such'
Weil es mich glücklich macht, wenn ich es tu
Ich vergeude, leide und sterbe meine Zeit
Alles ist gut, nur mein Job ist nicht mein Beruf!

FREI ATMEN

Frei sein
Die Freiheit spüren
Frei atmen
Freiheit berühren

Sich von der
Freiheit leiten lassen
In der Freiheit
Nichts mehr verpassen

Frei von
Allen Zwängen sein
Frei treiben
Wie die Welle im Meer sein

Frei leben können
Frei mit allen Sinnen
Leben nach meiner Freiheit
Möge sie beginnen

Der wahre Grund
Warum man im Leben zu nix kommt
Weil man permanent
Stetig nur anderen Schritten folgt!

UNREAL

Fühlt sich nicht mehr
Wie mein Leben an
Es scheint so unreal
Nicht wirklich greifbar

Was ist mit mir geschehen?
Wo wurde ich vom Weg getrennt?

Ich würde es gern erklären
Es gern verstehen
Doch was soll ich sagen
Begreife mich selbst nicht

Ich will nicht
Länger verlieren, nicht länge am Rande laufen
Will wieder in die Spur
In abgebrannten Feldern, mir Brücken bauen

Ich habe Träume
Fertige Pläne und Gemälde im Kopf
Umsetzung ist hart!
Man bekommt nix geschenkt, durchhalten schlaucht

KILIMANJARO

Mein Weg geht steil bergauf
Kilimanjaro
Ich gebe niemals auf
Trete immer voll durch, Nadel auf dem Tacho

Ich lasse mir keine Karten legen
Denn ich lege die Karten in meine Hand
Selbst ausgewählt
Ja, so selbst ist der Mann!

Dem Gipfel erklimmen
Mount Everest, Mount Blanc
Woher ich kam, wie weit es war
Take my breath away, come on!

Langer Atem und kurze Pause
Durch Stadt und Land, Start von Zuhause
Auf kurz oder lang, keine Faxen
Und hey, keine halben Sachen!

AUF'M WEG IN'N HIMMEL

Fühlt sich an wie
Auf'm Weg in'n Himmel
Fern jeglicher
Lebensgefühle

Bin verlassen wie ein –
Einsturzgefährdetes Gebäude

Kein Gefühl mehr
Auf Haut und Körper
Leblose Hülle
Inhaltlos und leer

Geistere ich nun bald
In der Nacht umher?
Oder bleibt das Gefühl nun
Ewig betäubt und leer?

So viel Liebe
Wärme und Leben war da
Alles zu Ende
Ewiges Leben, bist du irgendwo da?

Schwarze Rosen
In Dunkelheit
Ein gitterförmiges Eisentor
Bist du die Ewigkeit?

VIELE SCHRITTE

Leere Straßen mit
Hinterlassenen Spuren
Die Zeiger rattern im Kreis
Auf 1000 Uhren

Es sind meine Wege
Im Durchlauf meines Lebens

Von Häuserwand
Zu Häuserwand
Bewegte ich mich
Mal gegangen, mal gerannt

Viele Schritte zurückgelegt
So lang und weit war doch mein Weg

Vorbei an manchem Abgrund
Doch gefallen in jenen Graben
Alles vergeht, es ist der Wind
Der meine Spuren im Laub verweht

Vor der Ruhe des Sturms
Schaut man in die Augen seiner Kraft
Zieht er dann vorüber
Ist der Stand fester wieder dann am Platz

NACH MIR

Mein Geschenk, wenn ich geh
Alles was von mir blieb
Ist was ich hier so eben
Kurz mal aufschrieb

Habe mein Leben gelebt
Ging mal tief, mal erhöht
Für Freunde und Familie
Lobeslied, das ertönt

Was nach mir bleibt
Ist ein Anfang, am Ende der Zeit
Meine Familie, mein Kind
Habe ich wirklich geliebt

Mein eigenes Leben
Mehr eine Irrfahrt
Rechnungen beglichen, halb offen
Vielleicht nicht für alles bezahlt!

Bezahlt habe ich tief
Im Innern, in meiner Seele
Liebe und Schmerz
Sollen in Frieden gehen

Was bleibt mir zu sagen
Vieles tut mir echt leid
Aufrichtig und vollen Herzens
Wünsche, dass man mir Fehler verzeiht

GEÜHLSPARABEL

Mit Leib und Seele
Herz und Verstand
Gefühle kann man nicht kontrollieren
Liegt nicht in unserer Hand

Gefühle kommen
Gefühle gehen
Frage mich nicht warum es so ist
Ich kann es nicht erklären!

Das Leben ist und bleibt
Ein ganz geheimes Rätsel
Immer muss das Schicksal
Und unvorhersehbares reingrätschen

Das Leben ist wie, Minus 0
Nicht definierbar
Wie eine unlösbare Gleichung
Unwirklich und doch wahr

Das Leben hat eine
Unberechenbare Formel, ganz einfach
Erfahrung und Lektion, schön und gut
Aber die Unbekannte schlägt zu, doppelt und dreifach

Vieles fix, viel ist variabel
Wir springen im Dreieck
In der Gefühlsparabel
Das ist alles in allem, die Lebensparade

3,4 GUTE FREUNDE

Viel Scheiße gebaut
So viele Träume zerhauen
Gefallen in den Dreck
Es hieß wieder von vorne aufbauen
Bitter so mancher Moment
Hart mancher Schlag ins Gesicht
Zurecht!? Verdient!?
Ich beschwere mich ja nicht
Bei all dem Scheiß
War auch was Gutes dabei
Vielleicht das Beste
Aus den ganzen Scherereien
1,2 Glücksmomente
3,4 gute Freunde
Waren immer an der Seite
Sonst wäre es nicht, wie es heute ist
1,2 Schicksalsschläge
3,4-mal gabs eine ins Genick
Doch Freunde sind Freunde fürs Leben
Auf allen Scheiß, gib ich einen Fick!
Zeiten erlebt
Geschrieben und reflektiert
So viele kamen, die auch gingen
Mein Hirn hat es kapiert
Seelenschmerz
Und Nervenreiz
Auf alles was nicht blieb
Auf den Rotz und auf den Scheiß
Heute habe ich den Lauf
Knalle diese Zeilen raus
Auf meine Freunde, den Rest – den schließe ich aus!

NIE ERWACHSEN SEIN (Hommage an Peter Maffay)

Damals jung und frei
Nun alt und noch immer gut dabei
Das Herz schlägt wie das eines Kindes
Es geht in meinem Leben nie vorbei

Träume sind mir noch nah
Denn Träume sind zum Träumen da
Bei allem was auch ist und kommt
Mein Leben endet nicht am Horizont

Denn mein Horizont
Er ist definitiv erweitert, so soll es sein
Wie Peter schon sang, so geht's mir auch
Ich wollte nie, und werde nie erwachsen sein!

All unsere Träume liegen weit
In der Tiefe auf dem Meeresgrund
Aber niemals zu weit, um sie zu vergessen
Darum erinnere dich und bleibe im Herzen jung!

DIE ZEIT SIE WAR GEIL

Da waren Tage
Da waren Nächte
Gedanken die kreisten
Schlafloslang

Es blühten Träume
Von ganzen Mächten
Wir stürzten in das Leben
Haltlos dann

Nächte durchgelebt
Bis zum nächsten Morgen
Es hat die ganze Welt gebebt
Geile Zeit, keine Sekunde bereut

Wir waren auf ins Leben
Übersprangen Stufen und
Wir tanzten in dem Regen
So lange her, noch einmal bitte sehr!

Wir atmeten die Nacht ein
Bis ins Morgengrauen
Es sollte unser Ding sein
Die Zeit, die Zeit sie war geil

WIR WAREN JUNG

Wir waren geboren
Noch so jung
Sind aufgewachsen
Alles Erinnerung

Die Zeit verstreicht
Jahre vergehen
Im Spiegel – hinter uns
Sind sie noch zu sehen
Die Zeit verändert
Sie holt sich was sie kann
Doch an die Erinnerung
An die kommt sie niemals dran!

Refrain/
Wir waren jung – wohhohoo
Wir waren frei – wohhohoo
Das Leben lag vor uns
Die Zeit zog viel zu schnell vorbei
Wir waren wild – wohhohoo
Wir waren dabei – wohhohoo
Auf dem weiten, langen Weg
Welcher, bis hier und heute heißt

Nun etwas älter
Gereift dabei
Wurden erwachsen
So halbwegs, teils noch Kind in ei'm

Träume gingen
Träume kamen
Im Dreck verstaubt
Ham' sie wieder ausgegrab'n

Es ist für nichts zu spät
Solang' was geht
Es ist der lange Atemzug
Der uns durchs Leben fegt

Kapitel 2:
Die Philosophie des Lebens

DEPLATZIERT

Ich bin hier
Völlig fehl am Platz
Deplatziert
Keine Berufung
Es gibt keine Sinnhaftigkeit
Es interessiert
Keinen wirklich
Bloß mich
Ich muss weg hier
Die Berufung sie ruft mich
Und ich höre sie
Und ich antworte ihr
In diesen Zeilen hier
Und ich schreibe ihr
Bitte erhöre mich auch
Befreie mich von hier

HIMMELSRICHTUNG

Himmelsrichtung
Weites Land
Auf der Suche nach mir selbst
Bis ich mich doch fand

Ich entdeckte mich
Mein Inneres bis zum Kern
Tiefgründige Bekenntnis
Ich dichte und fühle doch so gern

Das wahre Leben
Nicht des Lebens Ware
Das wirklich Echte
Weder das Gesparte oder Bare

Wertigkeit
Wertschöpfung zu jeder Zeit
Davon sind wahrhaft viele entfernt
Arme Seelen, sie tun mir leid

ROSEN IM STURM

Wir kommen auf die Welt
Stoßen hinein in den Lebenslauf
Lernen, sehen und hören
Fühlen, Leben verstehen

Unwissend und alles neu
Wissen noch nicht was geschieht
Sind wie Rosen im Sturm
Während die Zeit leis' verfliegt

Wir wachsen und wir reifen
Aus der Ruhe zur Windeseile
Wir lernen und verstehen
Von der ersten Seite bis zur letzten Seite

UNSERE TOLLEN STARS

Sie haben es geschafft
Baden in Geld und Erfolg
Materielle Dinge können sie haben
Die sie schon immer, haben gewollt

Luxusleben, so leben
Als würde es keinen Morgen geben
Das beste Essen auf
Den allergrößten Festen

Rot der Teppich
Roter Wein
Auch vom Champagner
Darf es ein Gläschen sein

Lassen sich feiern
Doch sind auch nur Menschen
Wie du und ich – immer wieder
Gut und gerne vergisst man es

GEHEIMNIS

Wohin führt es mich des Weges
Wie weit ist es bis dort hin?
Gibt es ein Ziel, gibt es einen Sinn?
Ist es alles nur ein Spiel?

Träume ich dieses Leben
Bin ich gar nicht real?
Auf welcher Entdeckungsreise bin ich
Auf welch einer Lebensfahrt!?

Ist das Leben ein Geheimnis
Tief verbogen in uns selbst?
Was ist geplant, was real
Was ist Zufall, was gewollt?

Sind Ziele nur Illusionen
Sind Träume nichts als Zauberei
Ist es alles gar nichts wert
Alles zieht im Nu vorbei

PARADIES

Ich bin gern alleine
Gedanken sind frei
Die ich dann reime
So bin ich in bester Ordnung

Ich habe diesen Draht
Zum immer wieder
Neue Texte-Schreiben
Es ist für mich Erholung

Im Land der Worte
Mein reinstes Paradies
Hier wird alles erbaut
Aus jedem meiner Träume

Baue Brücken
Lade ein
Herzlich willkommen
Präsentiere meine Freude

THOR

Die Wolken ziehen sich zusammen
Keine Sonne blickt hindurch
Der Sturm fegt übers Land
Es ist erschüttert, der Allvater hat gesandt

Schützte Thors Donnerwelle
Steht alles noch an Ort und Stelle?
Her der Wettergott gewacht?
Oder wurde Walhalla zu Fall gebracht!?

Sagen und Legenden
Über die sich die Götter streiten
Die letzte Ruhestätte
Es sind die Mythen von Walhalla

Es ist das galaktische Geheimnis
Zu aller Zeit von Geschöpf und Lebewesen
Kosmisch-kreisende Bahnen
Im Sternenbild des Universums

ICH...

Ich habe Hunger
Doch der Geschmack ist leer
Will was erleben
Doch Zeit zu finden fällt mir schwer
Ich will lachen
Aber aus welchem Grund
Ich könnte weinen
Doch habe vergessen warum
Ich will lieben
Aber wen und wieso
Ich will bleiben
Und doch gleichzeitig sein anderswo
Wo bin ich hier
Ich will doch weg
Hier riechts nach nichts
Doch ich stehe im Dreck

Ich...
Ich will...
Was will ich
Eigentlich!?

SO WIE ES WAR

So wie es war, so wie es war
So wird's nie wieder sein
Denn jeder Tag und jede Zeit
Trägt Einzigartigkeit

Der süße Geschmack
Den der Moment uns doch schenkt
Schmeckt so unvergleichlich lebhaft
Schön, wie das Leben ans uns denkt

Des Lebens Gläschen Sekt und Wein
Lieblich, würzig, herzhaft fein
Wäre das Leben doch für immer
So anders, muss es gar nicht sein

So wie es war, so wird's nie mehr sein
Jeder noch so kleine
Aber feine Lebenshauch
Wird einzigartig sein

Des Lebens gedeckter Tisch
Gefühlsecht immer frisch
Bei bester Laune und Fröhlichkeit
Wäre sie doch für immer, diese Einzigartigkeit

WARTESAAL

Ich sitze wie im
Wartesaal
Der große Saal
Des Lebens
1000 Türen
In dieser riesigen
Schönen Halle
Welche lassen sich öffnen
Welches ist meine
Die mich ins Leben führt
1000 Türen
1000 verschiedene Möglichkeiten
Die Entscheidung
Sie fällt schwer
Wo ist das Glück
Wo ist das Pech
Hinter welcher ist es herrlich
Hinter welcher verlassen und leer???

MYTHOS

Wenn der Zeit
Die Vergeudung droht
Dann nutze sie sinnvoll
Vom Morgen bis zum Abendrot

Verschwende keinen Atemzug
Denn das Leben will gelebt sein
In jedem Moment, im Augenblick
Vergiss nie, dein Leben es ist dein

Legende, Mythos, Wimpernschlag
Geschichte entsteht nicht an einem Tag
Alles braucht seine Zeit, alles was nah ist
Ist dem Vergessen ganz fern und weit

Flashbacks, Zeitreisen
Durchleuchte die Vergangenheit
Erinnerung und Bilder, Fragmente und Zitate
Festgehalten für eine Ewigkeit

RUM UND BIER

Ruhig die Zeit
Gedankenfrei
Ich besinne mich zu mir
Ich liege wie jahrelang guter Wein

Höre Meeresrauschen
Wie die Wellen schlagen, Flüsse fließen
Liege in weichem Sand
Wenn ich träume und die Augen schließe

In meiner Mitte
Voll und nahbar ganz bei mir
Ich bin im Genuss meines Lebens
Wie im Krieg der Rum und Bier

Gedankenfrei
Philosophiere vor mich hin
Das ist mein wahres Leben
Ich bleibe das, was ich bin

Menschenmenge
Menschenleere
Leichtigkeit erfüllt
Jeden Raum der Schwere

HIMMELSKIND

Frischer Wind
Meeresblick
Reiseziel
In Richtung Glück

Volles Bewusstsein
Mit Herz und Seele
Reise zu den Träumen
Keine mir, zu weiten Wege

Mit Zufriedenheit
Auf hoher See
Kein Schritt ist zu weit
Ebenso kein Weg

Tagessonne
Im Meereswind
So frei und leicht
Wie ein Himmelskind

Die Sonne sinkt
Zum Abendrot
Friedliches Leben
Fern ab jeder Not

WAS NOCH BLEIBT

Sie tickt langsam runter
Auf der Uhr die Zeit
Tages deines Lebens
Sie sind alles was noch bleibt

Freue dich zu jeder Stund'
Und in jedem Augenblick
Denn alles was war, es vergeht
Es kommt nichts zurück

Die Trauer wie
Die Freude auch
Sie sind Bestand des Lebens
Atemhauch

Manchmal ist die
Stille ein Freund
In der du deine Träume
So herrlich träumst

Manchmal ist der
Lärm das Leben
Um zu spüren man ist
Noch hier im Leben

WIEDER HERBST

Wo fehlt's
Wo klemmt's, wo brennt's
Wie geht's, wie steht's
Ist alles okay!?

Die Zeit zieht und verfliegt
Sie rast davon
Wieder Herbst, schon
Das Jahr fast am Ende

Das Kalenderblatt
Wirft so viele Seiten schon ab
Das neue Jahr klopft an der Tür
Das derzeitige geht, vielen Dank dafür!

Zeitverlauf, Jahreswechsel
Ich freue mich darauf
Und im Frühjahr dann
Wacht wieder das Leben auf

WIE DAS KIND

Frischer Wind
Fühlbar, spürbar
Auch in diesen Zeilen
Geschrieben wie ein Kind

Die Fantasie ist grenzenlos
Baut Brücken hier
Träumt sich fort, malt sich ein Ziel
Und reist dann los

Eine bunte Welt
Frei und schön
Ein Wort, was verspricht
Es auch hält

Der Regenbogen
Zum Universum
Straße zum Horizont
Geglättet alle Wogen

GLÜCKSRAUSCH

Wo sind die wundervollen Tage
Wo ist alles was ich brauch?
Ich male mir einfach meine Welt
Im Farbenfroh und Glücksrausch

Spende all dem tristen Anblick
Jede Menge Glück
Ich habe es anbei
An jeder Ecke schon verteilt

Glanz und Sonnenschimmer
Streiche ich an die Wand im Zimmer
Pflanze Natur unterm Dach
Wieder eine gute Tat vollbracht

Im Wasserfall des Lebens
Die Strömung im positiven Fluss
Alles wird gut, alles wird fein
Zufrieden ganz am Schluss

WORTE UND GEFÜHLE

Wohin fließt die Zeit?
Ist Himmel – Leben und Tod vereint?
Fragen über Fragen
Auf die man keine Antwort kennt

Wir vergessen Dinge
Wir erinnern uns an Momente
In welcher Form greifen wir
Den Anfang und das Ende?

Worte und Gefühle
Spürbar in Herz und Seele
Was beinhaltet die
Beschreibung unserer Wege?

Allein, so allein –
Mit all den für immer offenen Fragen
Sie übersteigen Kopf und Verstand
Bleiben im Leben, an allen Tagen

RAUSCHGEDANKE

Ich reiße mir
Kein Bein mehr aus
Kein Blindflug mehr durch die Nacht
Wenn die Luft entweicht
Ist die Luft dann raus
Spiel beendet
Licht erlischt und gute Nacht

Kein künstlicher
Höhenflug und Rauschgedanke
Füße am Boden
Standfest klar
Selbsterrichtet manche Schranke
Ich habe es erkannt –
Das erste Mal im Leben
Wunderbar!

Ich bin erwacht
Meiner doch so
Schönen Traumwelt
Harter Boden
Auf dem ich schlief

Kapitel 3:
Meine Liebe zur Literatur

ZU PAPIER

Es fällt mir schwer
Nicht zum Papier zu greifen
Denn der Kopf und das Gefühl
Sie sagen mir „schreibe neue Zeilen"

Es ist schon Liebe
Gar wahre Leidenschaft
Dass die Schriftstellerei –
Es mich in ihren Bann, zu ziehen schafft

Was würde ich tun
Ohne das Verfassen von Zeilen
Ich wäre nicht ich selbst
Das Schreiben gibt mir viel, zu allen Zeiten

Ob einfach nur
Banale Gefühlszustände
Gedichte, Poesie, Slam, Songtexte – alles fließt
Die Feder schreibt, kennt kein Ende

Ob Alltagssorgen, Satire, Klamauk
Gesellschaft oder Politik
Ich lebe das Schreiben
Ich atme die Lyrik

BEFREIUNG

Ich schreibe Zeilen,
im hohen Glanz und schimmernd schön
Die Reime und Verse
Werden mir auf die Schnelle nicht ausgehen
Ich schreibe auch Zeilen
Steinhart, spitz wie Schotter
Kommt ganz auf den Anlass an
Wie Straßendreck und „Schmotter"

Zeilen zu verfassen ist
Meine innere Befreiung
Seelentrost für mich, wie für außen
Manchmal harte Worte, sie sollen zu keiner Verleihung
Ehrlichkeit und Wahrheit
Wird bei mir doppelt unterstrichen
Auch ein Grund warum ich dichte
Dass keine Lügen sich mit dem vermischen

Was bleibt am End', mir noch zu sagen
Lest und fühlt meine Reime
Denkt und versteht
Ansonsten bitte einfach nachfragen
Habe einfach
Einen guten Draht zur Literatur
Ich liebe das Schreiben bin aber weder
Symbol- noch Kultfigur

Gedanken entspringen mir im Geist
Sie kommen und sie gehen
Halte sie fest auf dem Blatt Papier
Zum Lesen kann sie jeder einsehen
Schreiben ist meine Freiheit
Mein grenzenloser Horizont
Viele Schattenjahre auch
Ich fand den Weg zur Sonn'

Mit Wörtern in Freude tanzen
Mit ihnen verbinden und sprechen
Ich kann mit ihnen Brücken bauen
Wenn alle anderen einbrechen

HOCH RUNTER

Wann wie wo
Warum und wieso
Weshalb wer was
Der die oder das

Wird muss kann
Fragen oder sagen man
Wort und Wörter Zeilen
Am Ort der Örtlichkeit verweilen

Creme da la creme
Papperlapapp
Auf zu Stopp
Arm dran, Arm ab

Hoch runter
Müde munter
Rechts links gerade aus
Flachdach auf dem Hochhaus

-heit -nis -tum -keit -ung
Setz was davor oder dreh um
Opa Oma Mama Papa
War da ist da geht da

SIE

Wo man die Rechnung nicht begleicht
Wo mich kein Mensch mehr erreicht
Da ist sie
Sie fühlt mich und ich spüre sie

Sie schenkt mir Vertrauen
Sie zeigt mir von ihrer wahren Herrlichkeit
Und ich koste von ihr
Jede einzelne Zeile und ich empfind Dankbarkeit

Sie war meine Rettung
In meiner allergrößten Not
Und ich lass nix auf sie kommen
Denn ohne sie, wäre ich längst tot

Und so weiß ich auch
Es wäre unhöflich un' gemein
Meinen Nutzen aus ihr zu ziehen
Dafür schreibe ich auch immer ihr mal ein paar Zeil'n

Denn ohne die Sprache, diese süße Verlockung was zu
dichten
Wäre ich doch längst schon gegangen
Also muss ich tun was ich tun muss
Diese Werke vollenden und errichten

GAR NICHT ANDERS

Ich kann gar nicht anders
Wie Zeilen verfassen
Mich den Worten hingeben
Mich auf sie einlassen

Es ist wie ein Sinnesrausch
Gedanken machen, Gedankenaustausch
Frei und so herrlich federleicht
Schreiben fürs Leben, Berufung – alles vom Herzen weicht

Immer wieder neue Zeilen
Welche, neue Wege ebnen
Immer wieder im Einklang mit dem Wort
Dem Tag so neu begegnen

Gegen das Leid, den Kummer
Den Schmerz, das Negative in mir
Freiheit meiner Zeilen
Ich spüre die Kraft, ganz klar hier

WORT-WIND

Ich schreibe dir Texte
In Minuten runter, weil ich
Die Sprache lebe
Inhalt variabel, viele Hebel die ich umlege

Ich setze etwas in Bewegung
Bis alles von allein geht
Kein Thema ist mir zu fern
Kein Wort-Wind der zu stark, mir weht

Die Sprache ist das Mittel
Dass ich leben kann
Texte lassen mich atmen
An allen Tagen, man!

Wird mir alles zu viel
Brauche ich eine Pause
Dann muss ich schreiben
Es bringt mich unversehrt nach Hause

Bei allem was ich erleide
Ertrage und durchleben muss
Das Schreiben lässt mich atmen
Ändert in Freude, meine Laune vom Verdruss

GEBUNDEN UND DOCH FREI

Wie für mich das Empfinden
Meiner Texte schreiben ist
Ist wie für den Kater, der Hunger hat
Und glücklich an seinem Napf dann frisst

Für mich ist das Schreiben wie
Für den Arzt der Patient
Wie der Holzkeil, den der Schreiner
Zum Ausgleich in die Fuge klemmt

Wie für das Sonnenlicht
Die Wärmeenergie
Wie für den Zauberer
Der Zauberstab zu seiner Magie

Für mich ist das Schreiben
Das Kreieren unendlich neuer Zeilen
So endlos und so schön
Wie für den Mathematiker die Zahlen zu verdrehen

Buchstaben und Sätze
Zahlen und Zahlenreihen
Alles wahre Schätze
So gebunden und doch frei

MEINE LYRIK

Filme – Fiktion
Politik – Korruption
Gesellschaft – am Ende
Meine Lyrik – Legende

Neuigkeiten – negativ
Nachrichten – zu mies
Die Menschen – misstrauen
Auf meine Texte – kann ich bauen

Realität – hoffnungslos
Spezifität – schonungslos
Räume – klein und leer
Träume – groß und noch mehr

Toleranz – grenzwertig
Distanz – erschwerlich
Lügen – einfach zu viel
Wahrheit – zu ehrlich

STILLER ORT

Ein stiller Ort
Der Stille trägt
Ist ein Ort der
Den Lärm begräbt

Ein stiller Ort
Ohne Geräusch
Und ganz ohne Ton
Ist schweigsam
Gar schon, monoton

Kein Mucks
Kein Patsch
Kein Zisch
Wie herrlich diese
Stille ist

ALLES BEGINNT

Höhenflug
Wie im Rausch
Die besten Texte
Schönste Zeilen haue ich raus

Ich kreiere
Gedichte und Reime
Alles für euch
Das Allerfeinste

Will euch erreichen
Euch berühren
In das Reich der Lyrik
Euch verführen und inspirieren

Alles beginnt
Mal ganz klein und bei null
Es ist für nichts zu spät
Die Zeit ist noch nicht um

Entdeckt euch selbst
Findet euch heraus
Malt eure Farbe aufs Papier
Malt euch in eurem Bild selbst aus

DIE ZEIT TRENNT

Mit Herz, Leib und Seele
Schreibe ich meine Zeilen
Lege meine Gefühle nieder
Bin ganz eins mit dem Schreiben

Die Zeit vergeht
Meine Texte werden mehr
Der Dichter und sein Wort
Das Blatt, es bleibt niemals leer

Die Zeit trennt
Autor und sein Werk
Literarische Sammelstücke
Jedes trägt seinen Wert

Ich als Dichter liebe das Wort
Vertiefe mich in der Sprache
Bin ich mit Gefühlen überladen
Sind es diese Zeilen, die ich habe

Ich schreibe für alle Zeit und
Für mein Leben wirklich gern
Bin wie für den Hoffnungsträger
Der lang ersehnte Stern

KRIEG DEM KRIEGE MIT WORTEN

Knalle hier einen Text nach dem anderen raus
Ballere hier, die Buchstaben-Kugeln aus
Worte-Munition, Sätze-Sprengstoffvorrat
Zünde hier die Schrift-Spritze wie ein Vollautomat

Werfe Bomben-Argumente
Sie prasseln ein im Zimmer
Granaten-Atmosphäre
Immer, wenn man denkt es geht nicht schlimmer

Kugelhagel von Wort-Gewalt
Schutz-Aussage ganz ohne Halt
Wort-Gefecht, Buchstaben-Krawall
Laut ist der Ausruf, der Schall wie ein Knall

Leise Frage-Zeichen gibt der Schrift-Führer
Grammatik-Falle schnappt, es schreit der Zuhörer
Stütz-Punkt und Komma-ndozentrale, Funk-Gerät
Viel Blei-Stifte fliegen umher, ein Schluss-Wechsel, er zählt

Dies hier ist ein geschriebener Beweis
Sprache wird für den Krieg missbraucht
Macht Frieden mit den Schriftstücken überall
Sprache ist wertvoller als ein Pumpgun-Knall

LITERATUR DAZU KAFFEE

Blatt Papier
Stift in die Hand
Zwei Geräte aus
Meinem Werkzeugschrank

Gedanke sprießt
Tinte sie fließt
Zeile beendet
Die den Reim abschließt

Literatur
Dazu Kaffee
Schon geht's los
Ich dichte im Geschehen

Brauche keine Tage
Bloß paar Minuten
Keine Wochen lang
Texten liegt mir im Blut

Das ist kurios
Ja echt Wahnsinn
Finde kein Ende
Bin erst mittendrin

ÜBERTREFFEN

Das Texte-Schreiben
Zwischen Therapie und Versprechen
Der Wille aufzuhören
Gegen den Reiz sich selbst zu übertreffen

Prinzipiell ist es und bleibt es
Lediglich ein ewiglich schönes Wortspiel
Doch es geht um mehr!
Es um das innerliche Gefühl

Das eigene Wort, das eigene Werk
Die Anerkennung von dem Selbstwert
Das Schreiben gibt mir Kraft
Zum Überleben in der Gesellschaft

Es bleibt mein Spiel auf Lebenszeit
Aus so viel Schmerz und Leid, es mich befreit
In dunklen und schwarzen Nächten
Verleitet es mir wieder neue Mächte

Das Schreiben, ist die Luft zum Atmen
Wenn diese Welt mir auf die Kehle drückt
Jedes Wort ist Luft in meiner Lunge
Und wenn ihr mich reizt, rutscht es über die Zunge

AUF DIE PLÄTZE, FERTIG, WORT!

Die Zeit läuft
Auf die Plätze, fertig, Wort!
10 Minuten Zeit
Sehen wir, was der Finger schreibt

10 Minuten in denen ist
Doch eine Menge machbar
Wort und Wörter purzeln los
Auf die Plätze, fertig, Wort!

Guck an was geht
Was da noch möglich ist
Wie viele Zeilen noch entstehen
Bis es zu Ende geht

Auf die Plätze, fertig, Wort!
Schnick, schnack, schnuck
Füller, Kulli, Papier
Bleistift, Tinte und ich schmier'

FUNKEN

Ich sehe hier keinen Sinn
Kein Funken zum Überspringen
Ist hier vorhanden
Es ist kein Feuer drin

Ich kann mich hier
Auf den Kopf stellen
Kunststücke vorführen
Alles wird nix bringen

Die Luft ist nicht raus
Denn es war keine drin
Alles halb so wild
Also gar nicht schlimm

IM JETZT GEGEN DAS NIE

Uhrzeit jetzt
Tag perfekt
Heute rollt
Morgen kommt

Grad Gegenwart
Zukunft naht
Moment der zählt
Weg gewählt

Gerade aus
Links/rechts fällt raus
Nur vor, nicht zurück
Kleiner Teil, großes Stück

Leise und laut
Abgerissen, aufgebaut
Im Jetzt gegen das Nie
Leben genießen wie die Poesie

Schreiben, mein Leben
Bei Tag und Nacht
Immer am Träumen und am Denken
Wie für immer aufgewacht

SCHREIBRICHTUNG

Ich habe keine feste
Schreibrichtung
Wichtig ist mir des Textes
Inhalts-Dichtung

Ich schreibe Zeilen
So wie ich sie fühle
Mal poetisch, mal abstrakt
Mal so depri – total verkackt!

Ich nagel mich nicht fest
Mag Texte rockig, provozierend
In jedem Fall zum Nachdenken
Hoffe auch, für andere – inspirierend

Ich gehe so gern
Bis in den Kern
Tief auf den Grund
Schmerzt es auch die Seele wund

Wahrheit und Klarheit
Mein Lauf, mein Weg
Texte schreiben wie ich will
Ich spüre; Ja, ich leb'

SCHANDE

Was ist wahr
Was ist gelogen aus jener Zeit?
Gedichte, Berichte
Geschichte, teils zunichte gemacht

Es wurden
Schriftstücke, ganze Bücher verbrannt
Grausame Zeiten
Wir mahnen und gedenken daran

2. Weltkrieg, Bomben fallen
Über der ganzen Welt hinein
Schrecken, Tod, Zerstörung
Gottes Kinder sind am Schrein'

Wozu ist der Mensch im Stande
Kampf und Terror zu aller Schande
Nie wieder soll es so –
Bitte nie wieder mehr so sein!

MEIN POSITIVSTES

Wer hat den Inhalt
Diese Zuversicht
Meines Wortes Liebe
Vollkommen verdient?

Das waren Freunde
Fremde, so ist es auch noch heute
Wahre Freude
Teils sie gern, ohne Zweifel, ohne Reue

Will mein Positivstes
In den Zeilen mit Worten verankern
Es soll der Menschen Welt
Erreichen, gehören und umklammern

Ich will Hoffnung und Liebe senden
In jedem Atemzug
Spürt die Freude, atmet Freiheit ein
Nimmt mehr als nur genug

Leiten und berieseln lassen
Von träumerisch verfassten Zeilen
Sie sollen Trost und Farbe bringen
Durch alle Zeiten, über alle Wege hinweg begleiten

Kapitel 4:
Politik und Gesellschaft

POLITIK, WIRTSCHAFT (GESELLSCHAFTSLEHRE)

Es gibt Menschen
Die unsere Natur und Umwelt
Nicht so sonderlich zu schätzen wissen
Auf diese sage ich, „hat wahrhaft echt der Hund
geschissen"!
Es geht um Wirtschaftswachstum
Zahlen und Gewinnerbring
Doch ist die Erde erst zerstört
Wird auch der letzte Erfolg nix bring'n

Skrupellose, mächtige Menschen
Die Geschäfte und Geld machen wollen
Bäume abholzen, Tiere schlachten
Hauptsache die Taler rollen!
Auch gegen diese Menschen schreibe ich
Halte somit dagegen an
Wir müssen beginnen nachzudenken
Fangen wir bei uns selbst doch an!

Diene ich nur als deren Marionette
Als Austauschteil in derer Kette!?
Nein! Ich bin ein Mensch! Ich bin ich!
In diesem Text, mache ich es deutlich!
Ausbeutung, Schröpfung
Sklaverei, Gewinn und Verlust
Gewinn ist nie genug
Verlust bereits von ihrer Vernunft!

Zeitarbeit, Billiglohn, Schichtsystem
Schichtgesellschaft, wohin wird es noch führen
Reich oder arm sein, Wohlstand und Elend
Charakterlos, nichts fühlend!
Stumpfsinnig, irrsinnig
Von der Gier geblendet
Ausgebeutet, vernichtet, ausgeschlachtet
Alles verschwendet!

Giftspritze, Hautritze, Virenseuche
Mensch ist weit gekommen bis heute!
Anprangern, verurteilen und richten
Gott spielen, was sie sehr gern verrichten!

SCHNEEMANN

Es ist kalt in mir
Selbst der Winter trägt mehr Wärme
Stehe immer am selben Fleck
Die Kinder erbauen mich mit Kinderehre

Ich stehe so da
Den ganzen Tag und schaue was geschieht
Winterzauber eigentlich
Doch der Mensch, ist mit sich selbst so befasst

Ich spüre diese
Eisigkalte Atmosphäre
Es ist kalt in mir
Selbst mein Weiß, es ist verblasst

Menschen die sich
Tagein und tagaus begegnen
Sie schweigen sich an
Ohne auch nur ein Hallo zu sagen

Ich stehe hier am selben Fleck
Warum ist mir so kalt
Warum tut es mir so fruchtbar weh
Kann nicht sprechen, doch habe ich viele Fragen

Ich bin aus Schnee und Eis
Doch ist der Winter trotzdem wärmer
Die Kinder sind um mich herum
Diese Menschheit, ist als sie weiß – doch noch viel ärmer

FEIERT OHNE MICH

Geht schon mal vor
Feiert schon mal ohne mich
Ich habe noch bisschen was zu tun
Vielleicht merkt ihr es ja nicht

Wird schon nicht auffallen
Wenn ich beim Fest fehle
Ihr seid den Ablauf ja schon gewohnt
Ihr wisst, dass ich euch segne

Und sie feiern und sie lachen
Und sie sind guter Laune ganz ausgelassen
Fett der Braten auf dem Tisch
Geschenke für die Kleinen, neu und immer frisch

Und der Abend geht vorbei
In den Mitternachtsstunden alles zunichte
Gar nicht wirklich bemerkt
Dass ich fehle, war ich doch Teil der Geschichte

Es wird gefeiert und es wird geschenkt
Geld ausgegeben, Das Beste von allem
Doch der Grund der Bescherung
Ist uns doch allen glatt entfallen

Es ist der Brauch, die Gewohnheit
Zu jedem 24. Dezember im Jahr
Doch die Geschichte Jesu…
Feiert ohne mich, als wäre ich gar nicht da

ARSCHKOLLEGEN

Sie glauben vor Wunder
Dass sie wer wären, nur weil sie etwas tun
Erwarten Applaus
Schleimen um Anerkennung, bisschen Ruhm

Sagen nix aus
Bestätigen nur gesprochenes Wort
Untermalt mit Mauerblümchen
Transportieren nur die Meinung fort

Sie wittern wie Insekten
Um den großen Haufen Scheiße
Treffe es auf den Punkt
So, wie ich es gerade hier vergleiche

CHECKLISTE

Ich will frei sein wie der Wind
Will mich fühlen wie das Kind
Ich möchte Abenteuer erleben
Als wie 40 Stunden die Woche
Am Leben vorbei leben

Ich will Freude spüren
Will mein Leben fühlen
Als wie ständig nur auf die Uhr
Meinen Blick zu führen

So schwarz auf weiß
Sieht das Leben einwandfrei aus
Frei von Emotionen, frei von Gefühlen
Füllt jede Zeile das Blatt aus

Stempelzeit
Grüner Bereich
Meeting-Sitzung
Gerade erreicht

Checkliste abgehakt
Sorry!
Das ist ein Leben
Was mir so nicht reicht!

AN DER WAND

Negativschlagzeilen
Die kriegst du gewichtet
Gute Dinge die du tust
Über die wird nix berichtet

Sie suchen immer
Bloß aber die Schlechtigkeiten
Werden verkauft
Als Klatsch der brisanten Neuigkeit

Lese genau
Höre her
Hinterfrage
Macht dies denn noch
Irgendwer?

Alles so stumpf
Ohne Sinn und Verstand
Abkassiert
Ein paar hängen wieder an der Wand

ARBEITSGESCHICHT

Die machen sich hier verrückt
Reißen sich die Beine aus
Aus dem Mittelpunkt
Alles betrachtet
Sieht es total
Chaotisch aus
Alle gestresst
Alles in Panik
Und im Druck der Zeit
Ihr
Könnt mich mal
Denke ich und
Schalte ab
Denn ich
Mache dicht
Gehe kaputt
Oder kapiere es
Die Moral von der
Arbeitsgeschicht

ELENDIGES VERHALTEN

Was für ein Haufen
Elendiges Verhalten
Lästerrunde an der Tagesordnung
Hier will ich es gar nicht aushalten

Hier macht die Arbeit
Überhaupt keinen Sinn
Weil man so oder so
Nichts Gutes erbringt

Gelingt dir etwas
Erntest du Neid
Verbockst du etwas
Ach du liebe Zeit…!

Gestört und kaputt
Sind die Leute an diesem Platz
Alles klar erkannt
Habe mir mein Bild gemacht

GEFALLEN

Nix ist so leicht, wie aufzugeben
Feige Leute, falsches Leben
Bekräftigen es zu wollen
Man stimme dir zu – auf jeden!

Doch tue ihnen nicht
Diesen verfickten Gefallen
Beiß dich fest mit deinen Zähnen
Fahre sie aus, deine scharfen Krallen

Nichts und niemand hat das Recht
Dich in die Knie zu zwingen
Dass du aufgibst und stirbst
Dazu wollen sie es nur bringen

Wenn sie dir in die Fresse grinsen
Ziehe die Holzlatte quer drüber
Ohne Zähne sehen sie halb so gefährlich aus
Spiel vorbei, die Ficker hinüber!

SIRENS OF VIOLENCE

I see the pics
It makes me sad and sick
These are sirens
The sounds of violence

What is going on?
In my brain it makes ding-dong
Life is dangerous and serious
Society of justice is mysterious

Nobody listens
All want peace, but it's racism
Tell me what is it for a world?
Weapons are the head, every sharp word

Black lives matter
Remember on; Summer 2020
USA RACISM POLICE DEPARTMENT

TV APPARATE

Lichterschwerte
Pfeil und Bogen
Kerzen, Dynamit
Es fliegen scharfe Kugeln

Die Kritiken hageln
Bomben schlagen
Unsere Unterhaltung
In den TV-Apparaten

Spionage
Feuerwerkskörper, Randale
Schwarzgeldaffäre
Gib Futter für Skandale!

Thematisiert
Polarisiert
Hunger, Armut, Elend, Tod
Wahres Kriegsgebiet

Wirtschaftlicher Schaden
Abscheuliche Taten
Hass, Gier, Wut und Neid
Es häufen sich die Zahlen

GRÜNDLICH TIEF

Ich bin gründlich tief
Vom fetten Fleisch bis ins Mark
Ich kann nicht lustig sein
Wenn ich sehe, Kinder beißen ins Gras

Kriegsgebiete
Flüchtlinge
Katastrophen auf
Der ganzen Welt

Comedy und Entertainment
Lachen für –
Bezahltes Geld!?
Sorry! Nicht meine Welt!

Krieg, Hass und Leid
Existiert, real in unserer Zeit!
Wir haben hier Luxusprobleme
Sorry, wenn ich es so knallhart hier sehe!

Heute bestellt
Und gestern schon da!
Doch wie es dir geht
Ist es dir selbst noch klar!?

Die „Alten" ins Altenheim
Lässt man am Altern sein!
Was für eine Welt
Kann es wirklich Wahrheit sein!?

ALPHA BEET

Wie die Rosen blühen
So gehe ich auf im Alpha-Beet
Worte sind meine Heilung
Ich werde zum Dr. med.

Poetry Slam
Schreibtherapie
Lyrik, Belletristik
Ich lebe in Poesie

Meine Zeit und mein Wort
Gegen die Depression vor Ort
Besser als Antidepressiva
Und die ganzen scheiß, Pharmazeutika

Man wird krankgemacht
In der, - ach so tollen Gesellschaft –
Was hast du für Beschwerden? Erstmal zum Onkel Dok.
Gibt's doch was zum Einnehmen!

Menschen mit psychischen Problemen
Sind gesunde Menschen, weil sie die Wahrheit sehen!
Doch die Wahrhcit trägt schwere Lasten
Schnell und einfach dann „gute Laune Pillen" verpassen!

WORUM GEHT'S

Es geht hier nicht darum
Spaß bei der Arbeit zu haben
Dort gut gelaunt sein Werk zu verrichten
Es geht darum zu funktionieren
Um jeden Preis, an jedem Tag
8 Stunden plus abzureißen!

Freude und Spaß sind nicht erwünscht
Man bekommt Fehler nachgetragen
Wenn Dinge gut laufen, die sind selbstverständlich
Denn dafür muss man uns ja auch bezahlen!

Früher in der Schule
Waren es Noten
Heute ist es, mach dein Werk
Oder du fliegst!

Es ist für mich, überhaupt nicht verwunderlich
Dass wir in einer depressiven, miesgelaunten und
Negativen Gesellschaft leben oder viel mehr –
Versuchen wir, in ihr zu existieren!

Alle Werte
Die wir einst in den Schulen lernten
Was man uns beigebracht hat, im guten Glauben
Alles wahrhaftige Traumwelt in meinen Augen!

WELTWEIT

Brot und Spiele
Kampf um die Ziele
Verhärtete Fronten
Gesprengte Konten

Jeder schafft beiseite
Jeder sieht wo er bleibt
Das ganze Treiben nennt sich
Politik-Global, lug und trug weltweit

Abgas-Skandale
Demo-Randale
Oben sitzt der Aufsichtsrat
Er wirft den Zündstoff in die Schale

Emission-Kommission
Gewalt im Anflug, Eskalation
Die Erde wird misshandelt
Weil man mit den Ressourcen handelt

Politik, Zeitarbeit
Verbrecher Sondergleichen
Rühren in der Wirtschaft
Wie herrlich sie sich doch die Zeit vertreiben!

WELT IN TRÄNEN

Fern und weit
Einst vor dem Sturm der Zeit
Glücklich, selig
Kein Kummer, keine Sorgen und kein Leid

Gottes Kinder
In Gottes Hand
Der Mensch hat das Paradies
Hier abgebrannt

Es wurde gehobelt
Es fielen Späne
Die Welt ertrinkt
In eigenen Tränen

Der Mensch so gierig
Egoistisch und naiv
Weit über den Abgrund
Er noch weiter lief

Alles gehabt, alles verloren
Abgezählt die Umwelt-Uhr
Voller Dummheit, voller Gier
Rächte sich nun Mutternatur!

UMS GELD VERDIENEN

Es geht immer nur ums
Verdammte Geld verdienen
Träume und Ziele soll man haben
Doch sie bleiben bloß nur auf der Strecke liegen

Der dumme und bescheuerte Spruch
Träume nicht dein Leben
Lebe deinen Traum –
Gib mir die Kohle, die ich dafür brauch' und ich mach's

Sind doch alles nur Phrasen
Sätze die nix wert sind
Ist doch so wie ich es sehe
Oder bin ich zu hart gestimmt!?

Immer der Masse folgen
In die Schritte der anderen treten
Darauf habe ich keinen Bock!
Außer denen mal in den Arsch zu treten

Lug und Betrug
Intrigen und Verrat
Alle leiden und gehen kaputt
Ich bin halt jemand, der es schreibt und sagt!

Doch im Endeffekt
Denken hier doch viele so wie ich
Doch nur durchs Denken
Verändern wir die Lage nicht!

RELING

Anker über die Reling
Schuss in den Ofen
Ohne Rücksicht auf Verluste
Treppe rauf nach ganz oben

Latten die brechen
Alles im Eimer
Abstimmung unter der Kuppel
Gewinnen wird einer

Mit Ellenbogen raus
So geht's voran
Vorbildlich, die politische Elite
Nehme man sich ein Beispiel dran!

Der auserkorene Kreis
Scheißt auf Anstand und Respekt
Soziales Verhalten abgelegt
Darauf getreten, versenkt im Dreck!

Kapitel 5:
Die Mutternatur

NATUR

Wind und Wetter
Ziehen über Land und Feld
Meeresfrische, Meereswellen
Wie schön ist doch die Welt!?
Rosen, Tulpen, Orchideen
Frühling und Sommerzeit
Bunt der Herbst, kalt und klar der Winter
Traumhaft, der Wechsel jeder Jahreszeit

Das Leben spüren –
Das wahrhaft echte
Im Schein des Mondes und
All der Sternennächte
Das Universum, die Galaxie
Unser Planet, die Muttererde
Mutternatur, die ich zu meiner Lebzeit
Schätzen will und werde

Die warmen Strahlen vom
Herrlich schönen Sonnenlicht
Wie vollkommen doch, die Natur
Des Tieres und des Menschen ist
Wälder und Sträucher
Bäume und Seen
Kostbar ist der Erdboden
Den wir betreten und auf dem wir gehen

Grundgestein und Lebensquelle
Mutternatur und Garten Eden
Wir sollten friedlich sein, mit der Natur
Von Gott uns, geliehenem Leben
Sorgsam und voller Mitgefühl
Sollen wir Tier und Mensch doch achten

Öfter doch mal inne gehen
Die ganze schöne Welt betrachten

Schätze die Natur und
Jedes noch so kleine Lebewesen
Diese Welt, sie ist unsere Heimat,
für unsere Nachkommen –
Und für die, die sind vor uns schon gewesen

SÜDTRIBÜNE

90 Minuten
Geht ein Fußballspiel
Atemberaubend ist die Atmosphäre
Voller Euphorie und Herzgefühl
Woche für Woche
Zieht es uns ins Stadion hin
Zu unserem Verein
Für den wir Feuer und Flamme sind

Fahnen schwenken
Tore schießen
Samstagsnachmittags – Bundesligazeit
Oh wie schön die Erinnerungen
An meine tolle Kindheit
Fußballembleme
In der Tabelle stecken
Mitgefiebert bei jeder
Meisterschaft

Spannend auch
Die Abstiegsränge
Wer denn den
Klassenerhalt noch schafft
Nun sind
27 Jahre vorbei
Doch meinem Verein
Dem halte ich noch bei

80.000
Leben auf der Südtribüne
Schwarz-gelbe Freude
Die echte Liebe!

BIS ZUM SOMMER

Ich freue mich schon
Aufs neue Jahr
Neue Pläne gefasst
Neuer Start

Zielorientiert
Geht's auf Monatsreise
Durch die Quartale
Auf meine Art und Weise

Bis zum Sommer
Zur Halbjahrespause
Etappenstopps
Auch mal zu Hause

Elan und Energie
Setze ich frei
Alles was beginnt
Ist lange noch nicht vorbei

MORGENTAU

Strahlender Himmel
Schimmerndes Blau
Der Tag erwacht und
Nimmt seinen Lauf im Morgentau

Das Zwitschern der Vögel
Schon herrlich schön zu hören
Die Bienen, die schon fleißig sind
Sie lassen sich nicht stören

In welch friedlichem Bild
Die Natur doch anzusehen ist
Wie wunderschön und vollkommen
Das wahre Leben doch ist

So weit, wie die Blätter fliegen
So weit, all die Wellen durch
Die Meere schlagen
Noch viel weiter sollen mich
Meine Träume bringen
Fort von hier in diesen Tagen

SOMMERNACHT

Die Blätter
Fallen von den Bäumen
Wie die
Vom Kalender
Es ist Herbst
Die letzten Spuren
Eines schönen Sommers
Verwehen und verblassen
Er zieht davon
Er macht sich auf die Reise
Bis zum nächsten Jahr
Eine eisige Zeit
Sie steht wieder bevor
Die kalten Wintermonate rücken nah
Und ich
Freue mich schon auf den Frühling
Wenn alles wieder neuerblüht
Und das Leben
Wieder neuerwacht
Auf die Wärme
Der ersten klaren Sommernacht

IN DUNKLER NACHT

Der Sonnenschein
Er bricht rein
Wenn der Tag in der Frühe
Am Morgen erwacht

Der Mond
Er geht schlafen
Stand weit oben am Himmel
In dunkler Nacht

Die Wälder atmen
Ihre frische Luft
In die Welt hinaus
Ins große, weite Leben

Der Mensch in Hektik
Das Tier es schätzt
Die Umwelt, was uns
Mutternatur, hat gegeben

Ein neuer Tag, er ist
Ganze 24 Stunden lang
Sonne, Wind und Helligkeit
Bis zum nächsten Morgen dann

KREATUR

Kannst du
All die Sterne zählen
In ihren Sternenbahnen?
Kannst du
All die Sterne sehen
Wie schön und hell sie strahlen?

Kannst du
Den Ruf der Tiere hören
Welcher von Freiheit spricht?
Kannst du
Die Menschen sehen, welche die Welt zerstören
Bis der letzte Ast des Baumes bricht!?

Fühlst du
Das Leid, den Schmerz der Erde
Trägst du auch die Trauer von Mutternatur?
Spürst du das Elend
Herzen die sterben
Der Mensch bringt Tod, welch eine grausame Kreatur!

GENUSS MIT SCHUSS

Das Brennen im Rachen
Das Kratzen im Hals
Herrlich der Geschmack
Ein wirklich guter Brand

So süffig und gut
Köstlich im Abgang
Amaretto dazu Cafè
Und das Leben im Einklang

Herrlich schön dieses
Lebensgefühl – ein Genuss
Kaffeespezialität
Mit dem besonderen Schuss

Brauche weder Wodka
Noch Whiskey, kein Jack
Amaretto ist das Beste
Der Rest ist nur Dreck!

VON HIER OBEN

Die Welt sieht von hier oben
So still und friedlich aus
Je näher ich ihr komm'
Und je mehr ich eintauch'

Umso klarer wird jede Linie
Jede Grenze, was uns
Menschen doch
Trauriger Weise trennt

Traurigkeit in den Augen
Leere im Herzen
Die in uns so scheinbar
Tief in der Seele brennt

Die Tiere sind uns da
Doch weit voraus
Sie halten uns, die Menschen
In ihrer freien Laufbahn so unerträglich aus

Ich will wieder nach oben
Ganz weit weg vom Platz der Erde
Frieden und Stille
Scheint mir, in der Luft, weit hier oben zu werden

Kapitel 6:
Träume und Motivation

TRÄUME

Vor der Realität
Die Augen verschließen
Nix mehr sehen wollen
In meinem Traum
Mit all meinen Träumen fließen

Eigene Welt in mir
Wunderschön und alles so klar
Traurig aber doch
Die Realität ist da draußen wahr!

Einfach weit wegträumen
Über Grenzen, über Zäune
Gleiten durch meine Welt
Mit Gefühl und Herz, ganz ohne Geld

Dieser Traum
Er bleibt nur ein Traum
Doch hilft mir zu überleben
Ich glaube es fast kaum

Eigene Wunschwelt
Tief in mir erbaut, errichtet
Ich erzähle von ihr
Schreibe, dichte und berichte

Träume wachsen und entstehen
Keiner kann sie dort je zerstören
Ganz gleich was auch geschieht
Werden ewig mir gehören

KLECKS DANEBEN

Meine Texte sind geschrieben
Mitten aus dem Leben
Es ist bildende Kunst
Ging auch mal ein Klecks daneben

Alles keine Schande
Denn alles gleicht sich aus
Punkteteilung, unentschieden
Tragen alles wieder aus

Meine Texte sind Oasen
Palmen, Pyramiden
Die wahre Macht
Für den inneren Frieden

Ich vertreibe Dämonen
Mach den Jäger zum Gejagten
Ich schaffe nichts! Ist das –
Was sie früher zu mir sagten!

Jetzt reiße ich ihnen den Arsch auf
Der Eine kommt nach dem Anderen dran
Und ist die Reihe durch
Fange ich bei der nächsten an!

CARPE DIEM (Für meine Tochter)

Nutze deinen Tag
Nutze deine Zeit
Carpe diem
Vergeude nichts von deinem Leben

Alles was du fühlst
Alles was du spürst
Ist dir und bist du
Mach dich los und höre mir zu

Es ist ein wundervolles Leben
Begreife es, entdecke es, verstehe es
Höre was ich dir sage
Lebe dein Leben, denn eines Tages vergeht es

Die Zeit macht keinen Halt
Legt keine Pause oder Zwischenstopp ein
Wenn der Zug des Lebens rollt
Verliere keine Zeit und springe rein

Nutze den Tag, deine Zeit
Carpe diem
Vergeude niemals etwas im Leben
Deine Gefühle, deine Liebe

Niemand
Kann dir etwas wiedergeben
Höre was ich dir sage
Lebe dein Leben, denn es vergehen
Deine Lebenstage

DURCH DIE NACHT

Durch die Straßen
Durch die Nacht
Auf der Suche nach dem Leben
Wir sind erwacht

Wir sind jeden Tag
In diesem Zwang
Keine Melodie
Mehr ein eintöniger Klang

Holen wir uns
Unser Leben in der Nacht
Leben beginnt am Abend
Wenn sie alle sagen „Gute Nacht"

Morgens geht's
In den Dauerbetrieb-Zustand
Wir leben in der Nacht
In der fängt das Leben an

Müde vom Stress
Von der Alltagshektik
Das alles macht so krank
Ich will davon weg!

ALLES KANN WERDEN

Träume und Ziele
Sind so wertvolle Gefühle
Bewache und behüte sie
Bewahre sie gut auf in dir

Alles kann werden
Alles gelingen
Ganz gleich was andere auch –
Dir für eine Botschaft bringen

Es ist dein Glaube
Und tief im Innern dein Vertrauen
Mit deinen Gefühlen
Kannst du Träume, größer denn je bauen

Erkenne dich selbst
Nimm dich deiner –
In vollen Zügen an
Was andere auch denken
Hören und sagen, es löst sich auf
In den Wolken deiner Träume dann

PIRATENZUG

Der Ruf der Ferne
Braust übers Meer in mein Gehör
Er ruft von Freiheit
Und sagt, „habe den Mut, komm' auf Piratenzug"
Lass dich über all –
Die Wellen treiben in endlosen Weiten
Gehe mit auf Tour
Wahre Schätze finden, lass alles hinter dir verschwinden

Wir stechen in See
Die Segel sind gesetzt, es geht los und zwar jetzt
Keine Furcht
Immer mit dem Herz voran, geboren bist du, als Seemann
Überall Unendlichkeit
Wo man hinschaut
Die Welle deines Lebens
Sich zusammenbraut

Dein Leben, deine Freiheit
Halte Ausschau
Fühl mit Herz und Verstand
Geboren bist du, als Seemann
Die Flotte über all das weite Meer
Ballast abwerfen, plötzlich nicht mehr schwer!
Kein Anker, kein Leuchtturm
Grenzenlose Freiheit

Meeresstich
Ganz weit die Sicht
Das ist wahre –
Die wahre Ewigkeit

HAND AUFS HERZ

Wir sind auf, suchender Reise
Durch unser ganzes Leben
Ausgerichtet der Blick auf
Glück und Ziel in jeglicher Weise

Dass Herz will fühlen
Die Selle will berührt sein
Jeder einzelne Moment
Er will so gern gelebt sein

Hand aufs Herz
Sinn und Vernunft
Nach jeder Niederlage
Geht's weiter in die Zukunft

Mit Hoffnung und
Aller nur so denkbaren Zuversicht
Du lebst solang' du atmest
Vergiss dies nie, vergesse es nicht

BERÜHRUNGSLOS

Das Warten auf
Bessere Zeiten nervt extrem
Lange habe ich
Der Hoffnung vertraut

Doch wer lange wartet
Kann das ganze Leben verpassen
Die Warterei
Hat unzählige Chancen verbaut

Abwarten und zusehen
Frustriert und führt zu nichts
Packst du selbst nichts in die Hände
Bleibt alles berührungslos

Wenn du etwas ändern willst
Dann musst du es tun
Verliere keine Zeit
Mach dich auf den Weg, es geht los!

REGEN DEM LEBEN

Lass dir Flügel wachsen
Fliege weit und davon
Ins Land der Träume
Wo ein neuer Morgen kommt

Genieße deine Reise
Fern dem Sturm der Welt
Betrete eine ganz neue
Wo kein Stern vom Himmel fällt

Wo der Regen dem Leben
Wachstum spendet
Wo keine Rose und kein Lebewesen
Voller Leid verendet

Ich wünsche dir
Dass du dieses Land erreichst
Ist der Weg auch weit
Und die Reise noch so entfernt der Zeit

FRIEDEN

Die Gedanken voll beladen
Alles zu viel für Kopf und Kragen
Mein Blick schweift aus dem Fenster
Ich träume mich hinfort
An einen anderen Ort

Körper und Gedanken
Lass ich im Raum zurück
Betrete eine Welt
Voller Zuversicht und Glück

Ich ziehe mit den Wolken
Fern aller Stürme dieser Zeit
Weit entfernt in das Land
Meiner wahren Vollkommenheit

Natur und Tier sind meine Freunde
Menschenleere, Frieden
Die Geister des Alltags sind mir gefolgt
Ich wäre so gerne geblieben

NIEMALS LIEGEN BLEIBEN

Bei Niederlagen
Und Untergängen
Ist die beste Medizin
Wieder aufstehen, nach vorne ziehen

Den Kopf nicht hängen lassen
Zieh den Kopf aus dem Sand
Wieder auf beiden Beinen stehen
Fest und sicher ist der Stand

Wie tief der Fall auch ist
Niemals liegen bleiben
Stehe wieder auf
Es kommen bessere Zeiten

Sei der Phönix
Der aus der Asche empor steigt
Sei der Tiger der kämpft
Wie der Löwe in der Wildnis schreit

Stecke nicht zurück
Gehe deinen Weg, bleibe dran
Am Ende im Ziel
Gibt's auch deinen Preis dann

ZAUBERSTAUB

Ich saug' und inhaliere
Zauberstaub auf
Verteile ihn in meinem Garten -FRIEDEN-
Es entstehen Träume draus

Fern dieser Welt
Fern von Sturm
Fern dem Leid der Zeit
Hier hat das Böse verlor'n

Zuversicht und der Schimmer
Des zweifellosen Glückes
Immer näher, immer shöner
Werden die Gedanken meines Stückes

Frieden, Liebe, Leben
Das Land der Träume
Und der Harmonie einmal betreten
Dann für immer bleiben, bis ans Ende aller Zeiten

TRÄUME 2

So viele Träume
Sie halten mich am Schreiben
Denn so kann ich leben
Es sind alles meine Zeilen

Hier blühe ich auf
Hier nimmt alles seinen Lauf
An kein Ende zu denken
Kopf ist erfüllt, auch mit leeren Händen

Träume beflügeln mich,
Lassen mich ans Gelingen glauben
Wenn auch alles bricht und alle Stricke reißen
Aber nicht mein Vertrauen

Träume bringen mich fort
Auf andere Wellen und in bessere Zeiten
Deshalb kann ich gar nicht anders, wie so oft –
Befreit es mich, Zeilen zu schreiben

Die eigene innere Welt
Wo alles vollkommen und frei ist
Wo Träume wachsen und wahr werden
Unbeschreiblich schön es doch ist

ZURÜCK ZUR SONNE

Ich fühle Befreiung
Sofort sprudelt meine Laune
Aus dem tiefen depressiven Tal
Geht's zurück ins Blaue

Zurück zur Sonne
Mit voller Kraft voraus
Lange genug gelitten
Hält man nicht für immer aus

Trübe Tage
Eine sehr lange
Viel zu vertraute
Lebenslage

Jetzt ist Schluss
Vorbei, Sabbat, Ende aus
Das Licht geht an
Gehe durch den Vorhang raus

Frische Luft
Nach der Schnappatmung
Wieder frisch zu Sinnen kommen
Alles längst in Planung

FEUERSTRASSEN

Neues Land betreten
Es ebnen sich die Wege
Stehen bleiben oder gehen
Dieser Kompromiss
Er wird im Kopf ausgetragen
Es geht auf Reisetage

Schlangenpfade
3-köpfige Drachen
Ich überquere Feuerstraßen
Sümpfe voller Gefahren
Bilder abenteuerlicher Geschichten
Zeichnen all die Jahre

Mein Haupt erhoben
Alles Gute kommt von oben
Ich wurd' getäuscht
Mit List hinters Licht geführt

Eisigkalt und glatt belogen
Doch das Eis ist gebrochen
Der Lebenswille hat in manche
Wunde meines Fleisches gestochen

Wundgerieben manche Wunde
Narben erinnern an so
Manche heldenhafte Stunde
Doch was ist geblieben

Niederlagen trieben mich zu
Wahrhaft großen Siegen

FERNWEH

Gepäck, Last und Unrat
Werfe ich alles über Bord
Lasse alles hinter mir zurück
Bewege mich langsam
Aber sicher fort
Ohne Steuerrad
Ohne Kompass
Immer der Freiheit nach
Ohne Ziel und ohne Plan
So bin ich doch
Ganz dem Leben nah
Keine Ziele
Keine Träume
Kein hoffnungsloses Täuschen
Nichts in Gedanken
Daher frei von Schranken
Ich will nichts versäumen
Fernweh
Fernweh
Ferne ist Freiheit
Wie ich sie, in meinen Augen seh'

GEFÜHLE DEINES LEBENS

Keiner der an dich glaubt
Niemand der auf dich baut
Doch du hast Träume
Auf diese, hast du schon immer vertraut

Sie sind dein Eigen
Jetzt und für alle Zeiten
Sie sind für dich da
Wenn die Dinge wieder mal entgleiten

Wie allein der Mensch
In Wahrheit doch wirklich ist
Wird uns immer wieder klar
Wenn keiner an unserer Seite steht und ist

Darum vertraue auf dich selbst
Hilf dir wieder auf, wenn du fällst
Jeder ist im Leben schon einmal gefallen
Wichtig ist nur, musst für dich kämpfen auf der Welt

Nichts ist im Leben vergebens
Es ist nichts umsonst, seit Lebens
Alles zahlt sich aus, darum gib nicht auf
Stehe für dich ein, für die Gefühle deines Lebens

AUF NEUE TRÄUME

Neuen Dingen begegnen
Auf die alten Träume und Ziele
Alle die, die vergingen
Und jene die doch blieben

Auf das Leben
Und den Zeitverlauf
Jene Scherben und Glitzer
Mach die Flasche auf

Wir trinken auf alles
Was einst gewesen war
Nehmen uns von noch etwas –
Denn es ist noch davon da

Auf neue Träume
Und alles was wir suchen
Mögen wir es finden
So schreibe ich es in Buch

Auf das neue und überhaupt
Auf alles was noch blüht und wächst
Träume sind zu wertvoll
Man schüttet sie nicht so einfach weg

GLÜCK UND PECH

Welch ein Glück
Man doch hat
Weiß man erst zu schätzen
Wenn eine Pechsträhne beendet ist

Glück und Pech
Freude und Leid
Alles so nah beieinander
Wie im Raum die Zeit

Wege lang
Tage weit
Reisen in den Morgen
Von gestern aus der Vergangenheit

Was ist übrig
Was bleibt
Wie geht's mir
Bei dem, was ich hier schreib!?

Kummer, Leid
Sorgen, Frust
Sie kommt wieder näher
Die ganze Lebenslust

EBBE UND FLUT

Über die Weite
Des Meeres zu gleiten
Ist wie der Gang durch –
Die Wellen meiner Gedanken

Frisch – unbändig, so lebendig
Gefüllt mit Fernweh
Immer die Sehnsucht mit
Etwas Neuem betanken

Bei 1000 Wellen
Kommt auch deine
So wie sie auch bei mir kam
Sie flutet alle Zweifel beiseite

Mit Riesen-Fernweh
Kann ich gut träumen
Wie Ebbe und Flut
Die Meeresbucht aufschäumen

Ich könnte ewig gern
Genauso weiterschreiben
Wie der Wind im Segel
Das Boot über die Meeresoberfläche treiben

NOCH MEHR!
Aus Niederlagen
Lernt man fürs Leben
Trauer getragen
Ich wurde hart im Nehmen
Kindliche Schultern
Ein zu guter Glaube
Heute ist es die Erwartung
Die ich am Menschen zurückschraube
Ich schaue hin
Nimm noch einen zweiten Blick
Der verrät mehr
Das ist der ganze Trick
Habe Fassaden durchschaut
Scheinheiligkeit dadurch erkannt
Ich schaffte Platz in meinem Umfeld
Ich fing allein nochmal von vorne an

Bridge/ ich gebe alles und noch mehr – für mich
Ich will noch weiter als nur bis hier – mein Recht!
Ich habe gelernt aus all dem Schiss, besser weiß ich alles,
jetzt
Zurückgefallen und wieder aufgeholt, ich packe es erneut
Refrain/ Niederlagen, Schmerz und Risse im Herz
Energie geladen, genäht mit 1000 Stichen und einem langen
Faden
Schmerz erduldet und geprobt, der Pulsschlag am Limit –
Die härteste Stufe vor dem Tod
Ich bin zurück, alles ist gut, alles machte mich stärker
Meine Geschichte, mein Schweiß und Blut!

Harte Wege, auf spitze Steine getreten
Schmerz und Heilung gefühlt, in der Hitze des Gefechts
runtergekühlt –
Verpatzte Chancen, bitterböse Tage – ohne Geld, ohne Mut
Ich richte mich und meiner Klage
Ich habe gelernt, aus dem Schaden wird man klug
Fehler gebockt, wurde weise – ganz ohne Stock und ohne
Zylinderhut, ich trage keine weiße Weste, lege auch keinen
Wert darauf – Denn der Schmutz und der Dreck lehren
mich
Mann, lerne! Passe nun besser auf dich auf!

AB INS FELD

Alles gegeben, Am Ende nicht gereicht
Ist wie es ist, Zeit sie verstreicht
Auf zu neuen Plätzen, ab ins Feld
Irgendwo ist mein Platz auf dieser Welt

Verliere nicht den Mut
Bleibe stets dran
Alles macht sich bezahlt
Gewiss mal irgendwann
Keine Angst, keine Furcht
Alles wird gut
Wenn auch nicht heute
Doch es wird gut!

Spare deine Kräfte, setze bewusst diese ein
Wenn du fühlst, du liegst richtig – dort sind sie dein
Wenn du spürst, alles klar – es passt
Dann greife getrost zu, es ist dein Platz!
Trage ein Lächeln, trockne deine Tränen
Jeder Sieg lässt Niederlagen vergehen
Blick immer oben, auf Augenhöhe das Gesicht
Deine eigene Größe, sie verlässt dich nicht!

Gehe durch die Welt
Finde deinen Platz
Du musst tun
Was dir Spaß macht

Deine Berufung finden
Denn darin bist du gut
Alles was du tust
Mit Leib und Seele und Herzblut

ZEIT ZUM ÄNDERN

Ein neuer Tag bricht rein
Gedanken ziehen vorbei
Ich wünschte ich wäre weg
Weit weg, ganz allein und frei

Hier an Ort und Stelle
Ist mich alles am Erdrücken
Keine Farbe, kein Bild
Nichts kann mich hier entzücken

Es gibt kein vor
Es geht ausschließlich zurück
Bin sehr weit entfernt
Von jeglichem Glück

Es bleibt keine Zeit mehr zu verlieren
Geändert werden muss es jetzt
Es ist der richtige Augenblick
Der Moment er ist gesetzt

Hier ist kein Land mehr in Sicht
Es ist schwierig, es ist wie es ist
Die Lange kann so nicht länger bleiben
Zeit zum Ändern, ich wechsele die Seiten

INSEL DIE ICH BEWOHN'

Das Schiff legt an
Ich gehe an Bord
Mein Ziel, nur ganz weit fort
Die Kompassnadel steht auf Nord

Ich breche auf
Ins Meer der Träume
Bin mir sicher, es ist die Fahrt
Auf der ich mein Leben nicht weiter versäume

Gedanken sind frei
Auf hoher See
Sorgen und Gepäck werfe ich ab dabei
Jetzt geht's los, ich bin frei

Das weite offene Meer
Isti die Insel die ich bewohn'
Mein Zuhause in mir
Heimat, ich suche dich lange schon

Zwischen all den Fässern Rum
Und den Flaschen Wein
Versinke ich beim Trinken in Erinnerung
Frei sein, ja – das wollte ich schon immer sein!

FÜR 2021

Fakt ist;
Um nicht auf der Stelle zu treten
Muss ich Schritt für Schritt
Nach vorne gehen

Noch ein weiter Weg vor mir
Doch ich bleibe dran
Will weiter noch
Weil ich nicht hier stehen bleiben will und kann!

Träume sind so groß geworden
Schon so lange entstanden
Bin nicht zu hoch abgehoben
Umso sanfter werde ich landen

Es muss jedenfalls
Irgendetwas geschehen
Nur drüber sprechen hilft nicht
Auch nicht nur daneben stehen

Ich ziehe durch
Lege den nächsten Gang nun ein
Wunsch nach Veränderung
Darf nun endlich soweit sein

VOLLZUG

Jede Veränderung
Sie erfordert Mut
Durchsetzungsvermögen
Und den Vollzug

Gehe soweit
Wie du gehen musst
Erst nach voller Hingabe
Ist am Ziel dann alles genug

Schrecke nicht zurück
Fürchte dich nicht
Veränderung erfolgt Stück für Stück
Schwierig ist immer der erste Schritt

Wenn du wirklich
Etwas ändern willst
Dann wirst du es schaffen
Alles was du so sehr willst

Pflastere neue Wege
Baue neue Brücken
Entscheide die Richtung
Sei die Fülle deiner Lücken

Kapitel 7:
Parodie und Slapstick

ENTGLEISTE GEISTER

Märchenstunde
Märchengeister
Dem Suff erlegen
Im Tapetenkleister kleben
Umher, schwirren
Die Suff-Geister

Schlossgespenster
Den Rausch ausnüchtern
Im Schlaf bei
Offenem Fenster
Der gute Stoff
Alkohol heißt er
Er trägt dazu bei zu
Entgleisten Geistern

ANGETACKERT

Angetackert und
Eingelocht
Eingetütet
Vom Kerzendocht
Flammenwerfer
Übers Flammenmeer
Verheerend werden
Die Flammen mehr

Rollschuh und
Bordsteinkante
Ab aufs Maul!
So schön pikante
Rustikal und
Herzhaft lecker
Ausgekotzt, der Schmaus
War wohl kein Schmecker!

Müll im Eimer
Und neben der Tonne
Herrlich, schön und lecker
Riecht der Müll in heißer Sonne
Verunreinigte Poren
Kläranlage
Puste frei und
Klär' die Lage!

AUS DER SICHT EINES RICHTIGEN EGOS !!!

Die meinen sie wären geil
Unterschied zu mir, ich bin's!
Die wollen immer nur
Und ich kriege es hin

Ich bin nun mal der Beste
Und das macht mich nicht beliebt
Die verstehen halt nur nicht
Dass ohne mich, den Master – nichts geschieht

Ich bin der Meister
Denn ich bin der Beste im Fach
Deren Können hält sich in Grenzen
Niveau ganz tief und flach

Sie tun so, als wüssten sie alles
Sinnesscharf wie ein Messer
Doch Leute, echt im Ernst!
Ich weiß es doch alles einfach besser!

PYJAMA

Durch den Orkan, den Sturm
Ab ins Leben
Blitzlicht, Donner und Gewitter
Es wird um Achtung gebeten

Nicht irritieren lassen
Wird nur windig
Nass und krachen
Keine Bange, keine Sorge

Alles im Griff
Alles wird gut
Es sinkt bloß das Schiff
Wir stehen hier im Mantel und mit Mut

Regenjacke
Feste Kleidung
Vielleicht ist es auch der Weltuntergang
Bitte um schnelle Mitteilung

Kurze Hose und Pyjama
Seidenhemd aus Taiwan
Teures Jackett oder Jacke
Es hilft weder noch beim Untergang

IN'N WALD

Hänge halb in der Luft
Kein vollständiger Bodenkontakt
Bin von allen Sinnen
Nicht am Start, nicht auf Zack!

Bodenlos
Und so himmelweit
Wünsch mir eine Sternenreihe
Habe keine Kohle, bloß Kieselsteine

Habe die Hände
Zu Fäusten geballt
Sie sind voller Leere
Gehe kurz zum Schrein' in'n Wald

Kettensägen
Die um die Wette sägen
Berichterstattung und Klage
Alles geht vorbei, gar keine Frage!

KRAWATTE

Es juckt
Es brennt
Und klemmt
Es platzt das Hemd
Und dazu
Noch der Kragen
Es plagen mich
Die Klagen
Was soll ich denn
Noch sagen
Oder fragen
Was liegt an
Wer steht auf der Matte!?

ÜBER DIE ABWESENHEIT

Ich bin
Gerade nicht hier
Weil ich
Woanders bin
Wenn ich
Zurück sein werde
Bin ich wieder dort
Wo ich jetzt augenblicklich
Nicht mehr bin
Sie finden mich dort
Wo sie mich
Finden können
Sie finden mich
Aber nicht dort
Wo ich mich nicht befinde
Ich hoffe sehr
Ich konnte ihnen weiterhelfen
Wenn sie
Den Inhalt des Textes nicht verstanden haben
Dann lesen bitte einfach nur
Den letzten Satz

Ich bin bald zurück

SCHEISSEGAL

Mir ist alles scheißegal
Denn ich habe
Keine andere Wahl
Sonst gehe ich kaputt
Sonst gehe ich am Stock
Und das
Will ich nicht nochmal
Verständlich?
Normal!
Wenn nicht
Ließ bitte
Von oben
Von vorn
Das Ganze hier
Nochmal

VERSCHLAFEN

Wohl im Schlaf
Des Zeitenrauschs
Fest am Träumen
Will aus dem Bett nicht raus

Unterwegs in Abenteuern
Mit der Freiheit fließen
Alles möglich im Schlaf
Wenn wir die Augen schließen

Zeitlos, leblos, formlos
So ist die Zeit im Schlaf
Augen auf, Augen zu
Traum davor, Traum danach

So vertieft in diesem
Fluss der Zeit
Bis zum Erwachen
Ganz und fern und weit

Morgens dann
Die Schrecksekunde
Wecker der nicht klingelt
Verschlafen um eine Stunde

VÖLLIG VERPEILT

Völlig verpeilt
Verstrahlt und verplant
Ich habe verschlafen
Was für ein Start in den Tag

Bin nicht richtig bei mir
Kann heute nix mehr retten
Nix mehr gewinnen
Bin wie von Sinnen

Das einzig Gute heute
Freitag, Wochenende
Kein Kopfzerbrechen
Erholung bis zur Wochenwende

Mein Kopf ist eh schon voll
Weit über dem Soll
Istzustand braucht die Pause
Ich freue mich schon auf mein Zuhause

Á LA KARTE

SERVER-RAUM
KABELSALATE
DURCHEINANDER
Á LA KARTE

ELEKTROGERÄTE
E D V
DATENBANK
DRUCKER IM PAPIERSTAU

DOWNLOAD
ERROR
UPLOAD
NETWORK-TERROR

SPEICHERN
FENSTER SCHLIESSEN
TÜRE ÖFFNEN
MAILBOX, LOOK OUT

SYSTEM HERUNTERFAHREN
OK / BEEENDEN – JA UND NEIN
SIND SIE SICHER?
EIN KLARES JAEIN!

6 AUS 49

In ein paar Minuten
Vielleicht, bin ich Millionär
6 aus 49
Das ist doch nicht so schwer

Meine Chance ist eins zu
140.000
Das ist fast 2x Deutschland
Im Jackpot die Kohle

Wie hoch ist meine
Chance zu gewinnen
6 Kreuzchen im Kästchen
Lass eben schnell beginnen

TUTEN UND BLASEN (Für H. E.)

Vom Tuten und
Vom Blasen keine Ahnung
Realitätsfremd
In allen Belangen

Nix geschaffen, nur studiert
Dein ganzes Leben
Hast du fleißig aus dem
Lehrbuch doziert

Das klingt echt bitter!?
Die Wahrheit schmeckt nie
Ich bin weder Professor noch Einstein
Ich weiß, du bist kein Genie!

Lehrst aus Büchern, weil du
Von sonst nix die leiseste Ahnung hast
Als das Leben begann
Hast du dich ganz bequem aus dem Weg gemacht

Papis Kohle
Die verschleuderst du
Bist ganz groß im Nix-tun
Gibst zum Überfluss dein Bestes dazu

Und du glaubst das bringts!?
Dumm wie die Nacht, stimmts!?
wenn du im Leben mal was schaffst
Ist der Tag dunkel und es leuchtet sonnenhell die Nacht

BOCKMIST

Bockmist ist
Was hier ist
Denn nichts ist
Wie es soll
Es soll alles
Was nicht ist
Denn
Weil nichts ist
Wie es soll
Ist alles Bockmist
Bockmist
Ist
Auch Mist
Und Mist ist
Was zum Dünger
Zu gebrauchen ist
Es ist
Wie es ist
Alles ist
Bockmist
Schau!
Was der Bock frisst!

M S D

MSD-Dateien
Importieren
Extrahieren, exportieren
Was ein Scheiß, bin ich Exporteur!?

Bildqualitäten, Diagnostik
Mir doch MEGA-Egal
Genauso wie der Router
Frequenz und Hz-Zahl

MSD – XML
Befund und Statistik
Geh mir nicht auf den Zeiger
Loss man, verpiss dich!

Dieser Arbeitsplatz
Ist echt der letzte Kack
Nerven sind gereizt
Ich bin total abgefuckt

MSD – MSD
Halt die Fresse und jetzt geh!
XML, PACS-Netz
Ich pack's und schmeiß weg!

Kabelsalate
Kabel verlegen
Nicht meine Aufgabe
Fick dich, auf jeden!

SRFR

8H DS FLEISH
WUNDGESESSN
K1N HNGR
TRTZDM STTGEFRSSN

STZE AM BLDSCHRM
SEH PIXL UN CURSR
HB K1N BCK MHR
BIN'M NTZ 1 SRFR

WWW.
SUCHLSTE ABC
SIE WRDN VERBNDN
ZETNAH SLLTS GHN

WOW

BÄM! TRASH! BIM-BAM
GOAL! STRKE! BIN DRAN
BULLS-EYE! HIGH FIVE! WENN, DANN
START UP! GET IT! COME ON! WELL DONE!

STOP'N'GO! UP'N'AWAY! LET'S PLAY!
READY 2 RUMBLE! SELECT! COSPLAY!
COMIC! MANGA! POW!AAARRRGGGHH! HEY!
BEAT'EM'UP! FIGHT! CARRY ON! HIGHWAY!

BOOM! CARTOON! FLIX-FLAX! KNOCK!
SAMSH! CRASH! RUSH HOUR! 12 O'CLOCK!
FINAL ROUND! BLOODHOUND! UM DEN BLOCK
CARRIER! AREA! ZIEL ERREICHT! TIME UP! NON-
STOP!

WOW! COOL! CHECK! GREAT!
OH! YO! RUN 2 THE GATE!
FUCK! TNT! DYNAMITE! WOOOOMS! 2 LATE
8-BALL! SHROOM! DARK ROOM! DARK FATE!

ELASTOMERE

Zu wenig Prozent
Chili und Pfeffer in der Suppe brennt
Flauschig, samtweich
Allesamt auf einen Streich

Zug fährt ein, Zug fährt ab
Weiß und bunt gewaschen, es färbt ab
Die Leinen los
Auf hoher See, Rettungsfloß

Überall ist Schimmel
Weit der Blick, so wie der Himmel
Nur Kanonenfutter
Bohnenkaffee, Puderzucker

Elastomere, Plastomere
Fischer fischen in aller Meere
Bombenstimmung
Bombenkommando bei der Unterbringung

Gelacht und geweint
Gieß nochmal nach, aus der Flasche Wein
Wirtschaft und Politik
Den Reim darauf, ich gib einen Fi… - weggeschickt

Kurz und knapp
Schlapp macht der Schnapper die Kappe ab
Klein aber fein
Meer darf es und soll es doch wirklich nicht sein!

HELD IN UNTERHOSE

Aus der Sage
Aus der Legende
Aus dem Heldenbuch
Der helfenden Hände

Der Held
In Cape und Unterhose
Rettet die Welt wie -
Der Herd und die Konservendose
Ohne Furcht und selbstlos
Geht er ins Gefecht
Pickel drückt
Warze juckt, tadellos

Für die Menschheit
Opfert er sich
In der vermurksten Gesellschaft
Dass glaubst du doch selbst nicht!
Helden in Filmen
Und in Serien
Sind Fiktion
Mit allen Kriterien

Im Comic-Universum
In diesem Kosmus
Will ich verdammt nochmal
Ein Praktikum!
Leben ohne Furcht
Und ohne Angst in der Welt
Gefeiert in Cape und Unterhose
Als wahrer Held

LIEFERSERVICE

Äpfel und Rosinen
Birnen und Bananen
Möhren und Erbsen
Kerne in die Schalen

Vitamine und Gewürze
Geschmäcker sind verschieden
Alles was nicht schmeckt
Ketchup drauf, ab in den Ofen schieben

Ob Auflauf oder Püree
Salat oder Suppenbrei
Im Zweifelsfalle einfach
Mal Käse und ein Ei dabei

Ist der Kaffee zu wässrig
Die Milch schon angebrannt
Klatscht auch der Pfannkuchen
Von der Pfanne an die Wand

Bei allem Genuss
Und bei aller Leckerei
Bestell beim Lieferservice
Er kommt im Nu vorbei

Bonusmaterial

GLEICH

Gleich
Lang
Kurz
Bald
Es liegt immer
Im Empfinden
Der Zeit oder Dringlichkeit

BLATT – PLATT

Ich sitze hier
Die Zeit mir platt
Ich zücke mir
Stift und Blatt

Ich habe Zeit
Also dichte ich
Denke mir
Etwas berufeneres
Gibt es nicht

Sammel die Gedanken
Doch fange sie nicht
Schreibe sie aneinander
Zu einem Gedicht

WELT DER WORTE

Es ist das
Eigene Streben
Nach einem
Schönen Leben
Kein Reichtum ist größer
Als
Der Schatz
Einer Welt
Voller Worte

COMMANDER RYDEN

Commander Jackolson Ryden
Ich melde mich von der Luftbrücke Defender
Wir schreiben das Jahr 2699
Die Erde ist lange verloren, doch wir beleben den Mond

Atomare Kriege
Seuchenangriffe und Viren
Umwelt vergiftet
Ein Leben auf der Erde nicht mehr möglich

Was hat der Mensch
Vor unserer Zeit angestellt!?
Unbewohnbar ist, einst Muttererde
Wie war wohl diese Welt?

All die Geschichtsbücher
Der Mensch, beschrieben als einst intelligent
Was hat er in Gottes Namen
Mit Natur und Erde bloß angestellt?

Kein Lebewesen mehr am Leben
Tiere, Wälder, Bäume
Verseuchte und verstrahlte Wüsten
Der Satellit zeigt Bilder, der Mensch er musste büßen!

DALTON PAYNE

Der Legende zufolge nach
War er ein Ranger, ein Cowboy des Gesetzes
Mit seinem Pferd Habor-Joe
Ritt er durch den wilden Westen

Fruchtlos machte er sich auf
In aller Himmelsrichtung weit
Witterte er jene Spuren
Der Schurken, wie den Duft von Blei

Er war Ranger Dalton Payne
Vorbilder einst von
Clint Eastwood und John Wayne
Name der Gerechtigkeit, so sollte es auf seinen Grabstein
stehen

Und heute ist es noch so
Wo man von ihm spricht und sich erzählt
Ein solcher Mann von Ehre
Wie Dalton Payne es war, fehlen auf dieser Erde

VIELEN LIEBEN DANK AN ALLE LESENDEN
ALLE DIE, DIE AN MEINEN BÜCHERN –
TEXTEN
GEDANKEN
ZITATEN

INTERESSE GEFUNDEN HABEN…

… DAS LETZTE BUCH DER LYRIK-ÄRA

NEUES KOMMT GEWISS

UND AN DIESER STELLE WER DEPRI TEXTE NICHT
LESEN MAG

HERZLICHEN DANK FÜRS ERWERBEN MEINES
BUCHES/ MEINER BÜCHER

TAUSEND-DANK!!!

Ihr

Christian Hofmann

Und zu guter Letzt!
Kapitel: Depression... es war einmal...
Nur wer dies lesen möchte...

MEIN GANZER KÖRPER

Gequält im Leid
Ein Trost in manchem Lied
Schmerzen die vergehen, doch –
Jenes Bild das blieb

Ich war geschlagen
Schmerzerfüllte Stunden
Der Kopf hing tief
Doch tiefer waren noch die Wunden

Mein ganzer Körper
Fleisch und Knochen wieder gerichtet
Seelisches Leid, es bleibt
Ein Heilmittel, was mein Geist nun dichtet

Schreibtherapie
Gelöst und frei wie nie
Dinge geschehen im Zeitverlauf
Ist halt wie es ist – c'est la vie

Meinen Weg gefunden
Durchquerte das Rätsel meines Lebens
Angekommen mit Kratzern
Seelenbrand und Wunden meines Erlebens

GEGEN JEDEN LAUT

Mich überkommt ein seltsames Gefühl
Als ob meine Welt zusammenbricht
Die Sonne scheint, der Himmel ist blau
Doch meine Welt interessiert dies nicht

Ein dunkler Schleier legt sich
Über Land und über Tag
Die Dunkelheit färbt sich ein
Obwohl ich es doch gar nicht mag

Graue Wolken, schwarzer Himmel
Ein Sturm schlechter Gefühle, er zieht auf
Er reißt alles mit, jedes Lächeln –
Jede Freude, tauscht Stille gegen jeden Laut

Eisige Kälte erfriert die Wärme
Schwarzer Himmel, ganz ohne Sterne
Kein Lichtsignal ist mehr zu sehen
Nacht am Tag, fällt mir schwer weiter zu gehen

FESTER TRETEN

Ziehe einen Zettel
Nach dem anderen
Meine Schriftstücke
Die hier umher wandern

Ohne das Schreiben
Würde ich vieles nicht mehr ertragen
Denn Ängste, Kummer, Sorgen, Leid
Bekämpfe ich so, alle meine Klagen

Finde nicht was ich suche
Suche ist gar hoffnungslos
Doch mein Glaube ans Gelingen
Der ist unbändig groß

Wo andere doch
Irgendwann aufgeben
Da mache ich weiter
Werde ich noch fester treten

Wer aufgibt verliert
Wer probiert, der kann scheitern
Doch nix zu unternehmen
Bringt einen gar nicht weiter

SO VIEL WIE HIER

So viel wie hier –
An diesem Platz
Habe ich noch nie geschrieben
Fühle mich nicht wohl, drum dichte ich nach belieben

Hier fühle ich so viel
Trauer, Seelenleid und Schmerz
Groll und Wut
Alles belastend für Seele und Herz

Das ist ein Trauerspiel
So viel steht hier fest
Kann nicht anders fühlen
Kein Stück vom positiven Rest

Ist wieder mal kein
Schöner Inhalt vom Text
Doch muss es aus mir schreiben
Weil ich leide und es mich verletzt

Ich muss hier weg
Ich muss gehen
Eine andere Lösung
Kann ich leider nicht sehen

GESCHEITERT?

Bin ich gescheitert
Am Ziel, an mir?
Geht's nicht weiter
Als nur bis hier!?

Wie war ich angetan
Voller Euphorie, voller Elan
Träume gehabt
Was ist davon noch da?

Bühne, Bücher
Gedichte und Poesie
Meine Berufung
Erfüllt mich doch wie nie

Lege mein Können
Meine Liebe in die Sprache
Mit Herzblut
Seit den ersten Tagen

Müde, traurig
So niedergeschlagen
Gekämpft, gehofft, geglaubt
An wundervolle Tage

LÖCHER IN DIE DECKE

Ich starre Löcher in die Decke
Schaue Löcher in die Wände
Wolken stürzen ein über mir
So ist das Gefühl nur hier

Ich drehe durch auf der Uhr
Bremse die Zeit aus, auf der Überholspur
Überrunde meine eigenen Gedanken
8-Stunden-Rundkurs ohne zu tanken

Zeit absitzen, Zeit läuft fort
Wieder ein neuer Texte-schreib-Rekord
Manche Zeilen sinnbefreit
Manche so kreativ und einwandfrei

In manchen Werken
Wahre Meisterstücke
Loch im Zaun
Auf der Hängebrücke

Springe hoch für
Einen freien Flug
Doch für Kunststücke
Ist es nicht tief genug

FREUNDE DER NACHT (GEGEN DEPRESSIONEN)

Lange nicht gesehen
Was habt ihr so gemacht
Ich habe nicht nach euch gesucht
Doch da seid ihr, Freunde der Nacht
Es war so schön erholsam
Ruhig, wohl wie im Paradies
Jetzt seid ihr wieder da
Schwarze Tränen, die ich für euch vergieß

Bridge/
Freunde der Nacht
Freunde der Nacht
Was liegt hinter uns
Was haben wir so durchgemacht
Refrain/
Freunde der Nacht
Freunde der Nacht
Der Bann ist gebrochen
Wir haben es wieder, schon wieder mal geschafft
Freunde der Nacht – Freunde der Nacht
Freunde der Nacht, haltet die Fresse!
Gute Nacht!

Viel zu schön
Und viel zu ruhig
War meine Zeit doch
Ohne euch
Jetzt seid ihr alle
Echt schon wieder da
Ich gieße schwarze Tränen
Auf den heiligen Altar

STEIGE WIEDER AUF

Boden verloren
Einsatz aufgebraucht
Wenn nichts mehr geht
Dann kommt das Aus

Niedergeschlagen
Am Boden liegen
Ich stehe wieder auf
Denn meine Seele sie will fliegen

Ich mache mich wieder
Auf meinen Weg
Denn ich mache mir klar
Solang' ich leb', ist da was, das geht

Wer liegen bleibt
Der gibt sich auf
Und ich kenne das Gefühl von
Phönix aus der Asche, ich steige wieder auf

Solange das Herz schlägt
Solange die Lunge Luft pumpt
Ist man noch am Leben
Und eine neue Zeit die beginnt, sie kommt

SPIEL DES LEBENS

Ein Arbeitstag von
8 Stunden hat
480 Minuten und
28 800 Sekunden

Das macht in der Woche
40 Stunden
2 400 Minuten oder auch
144 000 Sekunden

Das ist das wahre
Spiel des Lebens
Irgendwo da mittendrin
Zwischen dem Leben und dem Tod

Das macht im Monat
160 Stunden
9 600 Minuten oder auch
576 000 Sekunden

Aufs ganze Jahr verteilt
1 920 Stunden demnach also
115 200 Minuten oder auch
6 912 000 Sekunden

Bis zur Rente also
Für mich, mit 21 angefangen
Bis mittlerweile 67 – dann Schicht im Schacht
88 320 Stunden: 5 299 200 Minuten: 317 952 000 Sekunden

KRANKE MENSCHHEIT

Ich lass mich nicht mehr verheizen
Für nix um keinen Preis
Von wegen sei fleißig und mach alles
Dann bekommst du jeden Scheiß!

Was ist das für eine Welt
Gesellschaft total vermurkst
Sehe zu wo du bleibst
Dass du dein Leben nicht vergurkst

Lieber nix haben aber dafür
Gesundheit und Zeit
Vermögen und die beste Arbeit
Bringt nix bei aller Krankheit

Diese Menschheit ist krank
Kaputt! Sie kotzt mich nur noch an
Etwas Gutes abgewinnen
Ist das, was ich schon lange nicht mehr kann!

Mach dich auf die Socken
Mach was aus deinem Leben
Mit umso weniger Vollidioten
Musst du sprechen, verkehren und reden!

BOLZENSCHLAG

Donnerwetter
Bolzenschlag
Gewitter-Scheißdreck
Was ein Tag

Mir dröhnt der Schädel
Verdammte Scheiße
Haltet die Schnauze
Und werdet leise!

Ihr labert Müll und Dreck
Alles was niemand braucht
Lästert Zuhause
Tobt euch dort doch aus!

Ihr strengt mich an
Sind meine Nerven
Es ist meine Gesundheit
Genannt wird der Zirkus Arbeitszeit

Meine Nerven krampfen
Angespannt bis in die Spitzen
Leue haut doch ab!
Ihr könnt euch verpissen!

MEINE KRÄFTE

Die Menschheit ist krank
Gesellschaft am Arsch
Verheizt und geschrottet
Hier gibt's keine Stars

Dummes Gelaber
Jeder weiß was besser
Manche Worte sind schärfer
Als gespitzte Messer

Willkommen im Hickhack
In der Flut der Frustration
Burnout und Depris
Sind die Endstation

Habe es selbst
Alles am eigenen Leib erfahren
Seitdem ich alles blickte
Habe ich mein System heruntergefahren

Meine Kräfte
Mein Leben, sind mir viel wert
Weiß wie die Scheiße hier läuft
Die Menschen sind verlogen und verkehrt

DUNKEL

Ich kann es nicht mehr sehen
Ertrage es nicht mehr
Jeden Tag der gleiche Anblick
Wie geflickte Straßen, Risse im Teer

Jeden Tag der gleiche Gang
Von morgens früh bis Schichtende
Ich verliere mich so sehr
Stehe mit Gedanken im Raum, leer die Hände

Mein Leben es rauscht
Wie ein Zug, so schnell an mir vorbei
Trauer und Tränen laufen im Innern
Es ist wie eine Leblosigkeit

Es ist wie die reinste Folter
Wie eine 5-Tage-Woche-Knast
Ich halte so viel aus und durch
Die Bezahlung in keiner Weise passt!

So viel Last auf meinen Schultern
Gewicht das mich in die Knie drückt
Aussicht auf bessere Zeiten
Die einzige Hoffnung auf mein Glück

ZUM HEULEN

Dieser Raum
Diese Atmosphäre
Keine gute Stimmung
Wo ich hier verkehre

Beschissene Laune
So ist bei der Arbeit hier
Kann nix Gutes blicken
Will nur raus aus dem Drecksloch hier

Fühle mich müde
Leer und ausgebrannt
Mit Vollgas ohne Bremse
In vollem Karacho durch die Wand

Habe keinen Bock mehr
Keinen Nerv auf diesen Rotz
Alles nix Gutes hier
Ich kriege einen Anfall und ich kotz!

Alles zum Heulen
Und zum Weglaufen
Alles andere als schön
Mieser dreckiger Haufen

DIESE SCHMERZEN

Sodbrennen
Verengtes Gefühl im Hals
Beim Schlucken
Brust sie drückt
Kribbeln im Kopf und
Die Augen sehen undeutlich
So verschmiert
Ganz eindeutig ist wieder
Die Überforderung am Werk
Alles wieder Symptome
Der Psychosomatik
Leere im Hirn und doch
Ist der Kopf so voll
Diese Schmerzen
So unerträglich
Und doch
Sitze ich wieder
An diesem
Arbeitsplatz

GEWITTERLAND

Auf der Suche nach Sonne
Ziehe ich durchs Gewitterland
Glück und Hoffnung
Welches ich bisher noch nicht fand

Doch ich gebe –
Meine Suche nicht auf
Alles wird werden
Nimmt es Fahrt an und den ganzen Lauf

Kalte Tage muss ich durchqueren
Ohne Zweifel gerade aus
Mir bleibt nur der Weg der vor mir liegt
Und ich gebe – nein, ich gebe nicht auf!

Finsternis und
Stetig düstere Träume
In Erinnerung
An alte verlassene Räume

Schwarzer Himmel
Keine Wolken sind zu sehen
Ich schreite voran
Denn ich will nicht untergehen

LUFT NACH OBEN

Wie zerschlage ich
Die feste Struktur
Diese ganze Formatierung
Vom Leben?

Ich defragmentiere
Alle meine Erfolge
Lösche allesamt
Die Niederlagen

An manchen Tagen
Ist mir einfach alles zu viel!
Chaos in der Verwaltung
Von Herz und dem Gefühl

Zu viel an Input
Zu viel geschehen
Alles bleibt beim Alten
Zu wenig Neues ist zu sehen

Das Herz es fängt Feuer
Der Verstand brennt an
Emotionen sind tot
Luft nach oben, sie wird knapp

NICHT ERWARTEN

Du darfst nicht erwarten
Dass man an dich glaubt
Alles was zählt, was wichtig ist
Dass du selbst auf dich baust

Du musst geduldig sein
Denn die Zeit, sie braucht Zeit bis sie kommt
Du musst mutig sein
Alles wird werden wie gewollt

Keiner fühlt dich
Keiner versteht dich
Keiner sieht in dich hinein
Du bist dir, fühlst dich selbst und ganz allein

Keine Angst, keine Angst
Du wirst schaffen was du willst und kannst
Gibt nicht auf
Bleibe dran, setze um, erwache und mache die Augen auf

STILLE IM RAUM

Stille im Raum
Die Freude trägt bunte Farben
Ich trage schwarz, meine Hoffnung
Kann es alles anders nicht ertragen

Ich laufe nur
Sehr gern
Durch die Farbe der Natur
Ungeschönt so wahr und real

Meine Träume sie
Schimmern und scheinen
In so hellen Lichtern
Alles ist so herrlich und im Reinen

Doch wann wache ich
Wieder aus den Träumen auf
Stille im Raum
Wände und Stimmung grau

Alles nicht schön
Aber solang' vertraut
Jeder Traum in mir
Der auf die Hoffnung baut

DEMONS AND KINGDOMS

The feeling
Of depression
Is like flying in the air between
Demons and kingdoms

Demons
They will catch you
And the
Kingdoms rescue

Kingdoms of
Dreams and faith
Of hope and
A glory place

Demons of
Lost and darkness
Chain of pain
Feel this loneliness

Demons and kingdoms
In the game of life and death

DER LUSTIGEN CLOWNS

Du bist jeden Tag
Unter einer Anzahl von Menschen
Doch bist einsam und allein
Deine Gedanken, drehen um dein ganzes Sein

Du sprichst so viele Wörter
Doch sagen sie alle nichts aus
Der Schmerz und die Traurigkeit
Trägst du im Innern mit dir ganz alleine aus!

Das Lächeln ist längst schon
Ins Gesicht gezeichnet
Keinem fällt es auf
Es ist die Fassade, wie des lustigen Clowns

Der Schmerz schreit
In so schweigsamer Stille
Bedeckt und betrübt ist
In Wahrheit der Ausdruck der Stimme

Es ist so verdammt hart
Zu wissen, wo der Ausgang
Des Labyrinthes ist
Und dass, du ihn doch nicht erreichst

MITBEWOHN'

Bei mir erklingt depressiv
Ich weiß, so manche Zeile
Weil ich in meinem Leben
Durch das da draußen leide

Diese miesen und fiesen
Fressen der Welt
Sie kotzen mich an und dann ist da nix
Was diese Zeilen zurückhält

Ich bitte um Vergebung
Denn ich selbst kenne es ja schon
Ich bin Fremder in dieser Welt
Die ich doch, ebenfalls mitbewohn'

In mir, in meiner Mitte, in meinem Herz
Bin ich rein und total zufrieden
Brauche nicht viel zum Leben
Doch sie wollen Krieg und stören meinen Frieden

Und so ja, verdammte Scheiße
So packt es mich dann immer
Dann kommen diese Zeilen
Und dann kracht es im Zimmer

DER TEUFEL

Das sind schaurige Worte
An traurigen Tagen
Das ist was ich bin
Ich schreibe seit Jahren

Gegen Depressionen
Gegen die Traurigkeit in mir
Ich will die Schuld nicht anderen geben
Doch die Gesellschaft trägt zu, bei dem Ganzen hier!

Die Welt ist eine hässliche Gegend
Und mit meinen Worten halte ich dagegen
So oft Träume ich vom Tod und vom Sterben
Scheiß Gesellschaft, was wird noch alles werden!?

Ich tue mein Werk, meine Arbeit
Mein Beruf, ich hoffe sie hilft
Manchmal zweifele ich un'
Der Teufel führt mich in Versuchung

…hier aufzugeben
In diesem harten Drecksleben
Doch ich habe Träume und Wünsche
Und für die will ich alles geben

AUFFRISST

Diese verdammte Angst
In die Ecke zu klatschen
Dieses verfickte Gefühl
Nichts mehr zu packen

Alles gerät aus den Fugen
Ich verliere die Kontrolle
Überforderung sagt mir
Scheiß auf alles, komme was wolle!

Jeden Tag fühle ich dich
Wie du dich in mir vergnügst, mich auffrisst
Bei lebendigem Leibe
Wahnsinn und Unheil, sind deine Zeichen

Du verfickter Psychozustand
Burnout, Depression
Nix wird je wieder
So wie es mal war

Ich schreibe zur Selbsttherapie
Alles was hilft, das ist wahr!

Ängste, Panikattacken
Ich muss durchhalten um jeden Preis
Geld verdienen, Geld verdienen
Funktionieren, mit dem ganzen Scheiß!

Oh, was lastet ein Gewicht
Auf Herz und Seele
Glaube das Sterben ist nicht halb so schlimm
Wie der Gang meiner Wege!

DER FEIND

Niedergeschlagen
Traurigkeit
Enttäuscht und müde
So sitze ich da an meinem Platz

Nicht geht vor
Und nichts zurück
Ich verharre meiner Zeit
Der Feind führt bei mir Zuhause 0:1

Der Kopf sprüht nur so vor –
Raumvollen Ideen
Der Geist ist so frei, Körper klemmt fest
Keiner kann mich verstehen!

Ich leide hier in mich hinein
Mein kleines dunkles Heim
Die Trauer hat hier
Ihr riesiges großes Reich

REIZ-FLUT

Verzerrte Gedanken
Zerrissene Gefühle
Störung in den Blicken
Reizüberflutung

Alle Farben vermischt
In einem Farbenmeer
Ein hässlich grelles Pfeifen im Ohr
Schwindel, ich kann nicht mehr!

Übelkeit und Sodbrennen
Kann alles filtern und benennen
Schlieren vor den Augen
Kann und will es doch nicht glauben

Herz es rast und bebt
Nerven kribbeln, Atem stockt und fehlt
Luftnot, nach Luft am Schnappen
Taubheitsgefühle, kann es nicht cutten

Tinnitus, Depression
Täglich grüßt mein Murmeltier
Psychogestörtes eigenes ICH
Dieser Zustand ist zum Sterben hier!

100 TAGE

Zu viele Gedanken
Mir raucht der Kopf
Mein Schädel der mir
Auf der Stelle gleich explodiert

Ich will was ändern
Frag mich seit 100 Tagen wie!?
Ängste hindern mich
Mir doch vertraut schon irgendwie!

Und ich drehe Kreise
Unendliche Runden
Ich suche die Abfahrt
Habe Schwindel, nach den vielen Stunden

Wo ist die Lösung versteckt
An welchem Ort steht sie geschrieben!?
Verdammt nochmal, was ist mir –
Was ist mir denn geblieben!?

GESCHMIEDET

In der Hitze des Gefechts
Der Wille geschmiedet in jener Stunde
Im heißen Feuer, hart wie Stahl
Wurde stärker mit jeder meiner Wunde

Höllenfeuer und abgrundtiefe Träume
Eisigkalte Leere und das Nichts
War verloren und am Ende
In all der Dunkelheit, da fand ich mich!

Auf der Flucht vor dem Teufel
Verlor ich alle meine Engel
Aufgeben und erlegen
Nein, das ist noch nicht mein Ende!

Mit gebrochenem Glauben
Und mit Pfeilen in der Brust
Mich Löchern im Herzen
Seelenbrand – Energie floss durch mich
Angetrieben von Verrat
Hass und Wund und Frust

Leid und Verzweiflung
Daraus besteht die Liebe der Dunkelheit
Schaurig kalt ist die Umgebung
Angst und Furcht, paaren sich zu Unheil

VERDAMMTE SCHEISSE

Eine reine Qual
Zeit absitzen zu müssen
Psychische Belastung
Dies zu wissen
Ich könnte heulen
Könnte schreien
Ich will leben
Nicht funktionieren
Alles zum Kotzen
Ich will heim!
Wer hört meine
Stummen Schreie?
Wer fühlt den Schmerz
Den ich inne habe?
Verdammte Scheiße!
Ich kann es
Nicht mehr ertragen!

DUNKLE ENERGIE

Negative Kräfte welche –
Die Gedanken in die Irre leiten
Trotz Sonne am Himmel
Kommen zum Vorschein dunkle Seiten

Fokus und Konzentration
Aufs Zentrum dunkler Energie
Mit aller Kraft und Macht
Will ich es zerschlagen irgendwie

Dämonen und Geister
Umklammern und ziehen
Sie sind seelenlose Schatten
Die in den Ecken der Dunkelheit aufziehen

So sternenlos und schwarz
Ist der Himmel wie Asphalt
Teuflisch furchteinflößend
Ist die Depressions-Gestalt

Ein Entrinnen und Entkommen
Ist alles andere als leicht
Rollos hoch und Fenster aufreißen
Denkst du, dass das reicht!?

DUNKLES ATLANTIS

Haltlos im Taumel
Gefühle im Schwindel
Forsch der Ansturm
Dieser rauen Winde

Schwarze Wellen
Eine unendliche Tiefe zum Meeresgrund
Nebelschiffe, Nebelmonster
Im Anschein der düsteren Wolken

Aus dem Meer steigt empor
Mit 1000 Tentakel
Ein riesiges Monster
5-köpfige Krake

Die Augen so verblüffend
Faszinierend erfüllt vom Grün
Wie ein Smaragd –
Welches einen in den Bann zieht

Die Tentakel schlagen aus
So furchteinflößend und gigantisch
Des Meeres Geheimnis
Es ist die dunkle Seite von Atlantis

ZEITDRUCK

Wieder mal ein Tag
Mit vertrauten Gefühlen
Anspannung bis hinten gegen
Mir stockts beim Atmen und Schlucken

Die Nahrungszufuhr
Klemmt im Halsdurchgang
So als wäre die
Speiseröhre vollkommen verengt

Mein ganzer Körper steht unter
Stress und Unwohlsein
Ich fresse so hastig mein Pausenbrot
Weil ich denke, mir bleibt keine Zeit!

Zeitdruck, Zeitgefühl
Es drückt mir auf Herz und Kehle
Magengeschwüre und innere Organe
So wie andere Regionen sind mitbetroffen

WO DIE HOFFNUNG STIRBT

Wo die Hoffnung stirbt
Kein Land mehr zu sehen ist
Dir scheint es so
Als ob du verloren bist

Das letzte Lächeln längst vergangen
Grund zum Lachen keiner mehr da
Siehst deine Sterne vom Himmel krachen
Nichts wird wieder wie es mal war

Leere, Kälte –
Einsamkeit
Unterstreicht die Lage
Meiner Zeit
Gefühlszusammenbruch
Nerven liegen blank
Äußerlich wirke ich so gesund
Doch meine Seele ist erkrankt

Traurigkeit im Herzen
Ein Stechen auf der Brust
Und auch im Kopf
Kommt vom Ärger, Wut und Frust

Dieser Kampf in
Unserer Gesellschaft
Der macht krank
Und er fuckt so dermaßen ab!

PECH UND SCHWEFEL

Pleiten, Pannen
Pech und Schwefel
Niederlagen-Duft
Liegt schwer wie Blei in der Luft

Hoch gesprungen um
Höher noch zu fliegen
Boden verloren unter den Füßen
Zum Siegen!

Kein Remis, kein Sieg
Einwandfrei verloren
Im Einband verfasst
In jedem Text neugeboren

Niederlagen
Machen stärker als du glaubst
Du musst die Statik kennen
Auf die du deine Träume baust

Ohne Fundament
Und ohne den richtigen Bauplatz
Bricht alles ein wie ein Kartenhaus
Am Schauplatz!

Reiß also deine Mauern nieder
Weg mit Heckenschere und Zäunen
Baue nach deinen Wünschen
Ganz nach deinen Träumen

PASSAGIER

Momentan zieht das Leben
An mir nur so vorbei
Stehe neben mir
Als Beobachter statt Passagier – auf der Reise

Es besteht Handlungsbedarf
Könnte Sätze sprechen
Doch ich bleibe stumm
Ohne Kraft, es haut mich um – ruhig und leise!

Leere und Kälte
Ziehen durch mich hindurch
Ich friere und schwitze
Habe Frost und Hitze – beides seltsam zugleich

Was ist das für ein
Seltsamer Zug der hier
Durch mein Leben scheuert
Fremd und nicht geheuer – ich hoffe er entgleist

Alles wirkt so seltsam
Grau die ganze Farbenwelt
Ein unbändiges Unwohlsein
Weiß der Teufel warum, bricht herein – was geschieht!?

Die Hoffnung brennt
Steht lichterloh in Flammen
Das Feuer so heiß, mich verbrannt
Reise durch das Niemandsland – der Abgrund er zieht
mich an!

DAS LEBEN ALS PSYCHO

Meines Erachtens nach, gilt man in dieser Gesellschaft,
wenn man die Diagnose – PSYCHO – trägt immer gleich
als ein Monster, Psychopath oder Straftäter!

Ich denke Menschen, die keine psychosomatischen Leiden
haben, können eventuell niemals verstehen, was ein –
PSYCHO – durchlebt!

Entweder aufgrund mangelnder Empathie oder
Desinteresse! Und genau dort beginnt der schwierige Weg
der – PSYCHOS –

Ich erlebe oft unsere Gesellschaft als Krieg! Als ein wahres
Schlachtfeld!
Menschen die „anders" sind, werden ausgelacht,
verspottet, ab diesem Zeitpunkt entstehen die psychischen
Leiden!
Der ganze Werdegang der sich durchs Leben zieht, kann
eine Qual werden!
Man gerät unter Druck, weil man „anders" ist und zudem
noch bewusst Leid erfahren musste!

Ich habe dieses Leid erlebt! Bereits seit Kindertagen, habe
ich diese verstärkten Angstgefühle!
Versagensängste, Angst nicht gemocht zu werden, Angst
vor Achterbahnen (vielleicht vor Gefahr, dass etwas
geschehen könnte), Angst vor der Schule!

In all den Jahren war ich leider dazu zu sehr introvertiert.
Niemand wusste von meinem Leiden, von meiner
Gefühlswelt, in der ich lebte. Nicht einmal ich selbst konnte
es verstehen! Geschweige denn erkennen!

In all der Zeit wuchs ein dermaßen großer Druck in mir.
Ich soll immer funktionieren, tun was von mir verlangt
wird!

Dies tat ich auch, trotz des Leidens, trotz der harten Rolle
des Außenseiters. Trotz Mobbing und der großen
Hilflosigkeit!
Wut, Schmerz, Angst, Zweifel, Panik!
Vertraute Begleiter seit Kindertagen.

Heute mit 34 Jahren ist es nicht anders, anders ist nur mein
Verständnis zum Ganzen!
Ich lernte und akzeptierte durch Hilfe von Psychotherapie
„WAS MIT MIR NICHT STIMMT"!
„ICH DER PSYCHO"
Ich fand Mittel und Wege mit meinem Zustand leben zu
lernen.

Die Musik hat mir sehr geholfen. Auch das dadurch
erlangte Texte-Schreiben! Immer und immer wieder
schreibe ich über und gegen Depressionen!
Immer wieder hoffte und hoffe ich es lässt nach durch das
Begreifen.

Heute begreife ich jedoch, es ist wie ein Schatten, der mich
begleitet. Immer wieder aufs Neue muss ich mich dem
ganzen Scheiß stellen!

Die Gesellschaft ist für mich anstrengend. 40 Stunden
arbeiten strengt mich an! Unter Druck und Bedingung
immer durchhalten zu müssen, strengt mich überfordernd
an!

Es macht müde und traurig! Es brennt mich nieder und
bringt mir innerliche Leere!

Diese Funktionsgesteuerte Gesellschaft und
Schnelllebigkeit machen mich kaputt!
Lebe dein Leben!
Freue dich, sei glücklich!
Es sind Sätze, die ich schon unzählige Male, schon so oft
gehört habe, aber es sind Leute – die doch gar nicht meine
Gefühle fühlen. Die nix von meinem Leben und meiner
Gefühlswelt wissen!

Das macht mich wütend und aggressiv!
Sätze wie „stell dich doch nicht so an"…

Es ist ein harter Leidensweg den ich gehe, auf dem ich
kämpfe und dem ich mich jeden Tag aufs Neue stelle!
Ich schreibe für alle die, die dies hier lesen und wie ich es
als Selbstheilende Therapie verstehe!

Ihr seid nicht allein!
Ich habe es auch!

Wenn ich diese Zeilen verfasse, dann spüre ich Freiheit.
Frust der von der Seele weicht.
Der Knoten im Hals, auf der Brust förmlich!

Unsere Gesellschaft ist Krieg!
Es geht um:
QUALIFIKATION
ZERTIFIKAT
JOB
GELD
ANSEHEN
REICHTUM
KOHLE
ZASTER

STATUS
AUTOS
UND UM „FICKT EUCH DOCH" ALLES…
UND NOCH MEHR!!!

Der wahre Faktor zur Depression!
ABSAGEN
ABNEIGUNG
MOBBING
TRAUER
ERSCHÖPFUNG
ABLEHNUNG
ABSAGEN IM JOB
MINDERUNG VON SELBSTWERT

Mein Leben begann mit diesen Gefühlen!
Gefühl inzwischen ist – JAP; ICH MAG MICH UND IHR
KÖNNT MICH!
ICH LIEBE MICH!!!

Aber diese fucking society macht mir zu schaffen!

Verspannung, Verkrampfung, Kloß im Hals
Herzstechen, Herzrasen, Bronchien, Allergien
Alles wird gestresst und gereizt, das ganze Immunsystem!
Alldem zur Folge, psychosomatische Symptome und
krasses Unwohlsein.

Bedrückend und beklemmend, ist mein Gefühl in der
verkackten Gesellschaft!